敵意語言

接話與回應的方式，面對伴侶傷人的言語攻擊，適當捍衛自己

派翠西亞・伊凡斯
Patricia Evans
張馨方

不用害怕「失去愛」了，
因為本書幫助你找回了自我，
有效面對言語的暴力。

THE VERBALLY ABUSIVE RELATIONSIIP

How to Recognize it and How to Respond

目次

前言　004
序言　011

第 I 部

第一章　檢視自己的經歷　016
第二章　言語暴力的影響　023
第三章　為什麼難以辨識言語暴力　036
第四章　言語暴力的兩種現實：支配權力與個人權力　053
第五章　個人權力：相互理解與支持　061
第六章　支配權力：施暴者與虐待關係　067
第七章　受害者的內心感受　083

第 II 部

第八章　言語暴力的特徵與類型　099

第九章　虐待性的憤怒　140
第十章　溫水煮青蛙　148
第十一章　認識言語暴力，尋求改變　157
第十二章　利用回應影響施暴者　179
第十三章　從傷害中復原　209
第十四章　回首過去　217
第十五章　潛在的原因　229
第十六章　壓力與言語暴力　243
第十七章　當非理性行為走向極端　265
第十八章　關於治療，以及給治療師的建議　277
第十九章　兒童與言語暴力　297
結論　展望未來　310
附錄　常見問題　313

前言

自本書於一九九二年首次出版後，探討言語暴力的領域產生了大幅變化。從那時起，我在許多讀者的協助下，大力宣導言語暴力的觀念，讓大家認識「言語虐待關係」的存在。

美國名主持人歐普拉（Oprah Winfrey）曾為此製作一集名為《言語虐待關係》（*The Verbally Abusive Relationship*）的特別節目；之後，許多電視與廣播節目主持人也為這項議題貢獻一己之力，邀請我上節目談論言語暴力。

直到現在，我仍不斷接到各種組織的邀約。除了美國之外，我還曾受邀前往加拿大、澳洲與西班牙演講。此外，本書的第一版和第二版已譯成多國語言，包含法文、德文、西班牙文、俄文、波蘭文、南斯拉夫文及中文。

和你有相同遭遇的讀者正在替自己發聲

推廣言語暴力這個觀念的過程中，我的讀者們功不可沒。

本書是全球第一本提出「言語虐待關係」的著作，初版上架後，數千名讀者透過電話、電子郵件或信件與我聯絡。他們通常是問一些簡短的問題或預約私人諮詢，以尋求相關資訊和轉介，也會向我訴說在伴侶關係中受到言語暴力的情形。他們想要釐清自己的處境。許多人跟我說：「我是感覺到哪裡不太對，但我弄不清究竟是什麼，現在，我才知道這種情況是言語暴力。」社會文化正在改變，大家開始明白，言語虐待關係是存在的。

男性與女性都會受到言語暴力

女性、男性受害的案例我都聽過，有男性個案跟我說，他快要受不了伴侶傷人的言語。我告訴他，假如這些年來，他曾經聽過同一位女性一再遭受言語暴力的例子，同理，對他人施加言語暴力的女性也有可能存在。

女性的言語施暴者似乎對自己的控訴深信不疑，換言之，她們的指控是自己內心油然而生的解釋（心理學上稱之為虛談），用來合理化自己為何對伴侶的人格特質、成功、甚至是幸福感到不滿。同樣地，會施加言語暴力的男性也會出現虛談現象，合理化他們對另一半的不滿。

不過，我注意到一項差異：男性會比女性更晚揭露自身的經歷。男性之所以會出現這種傾向，可能是因為不習慣成為暴力的受害者，畢竟女性受害的情形較常見。

除了工作之外，女性在其他方面也經常是受害者。儘管男性也可能在一段關係中受到不良的對待，但他們在社會上甚少處於受害者的境地，除非因為種族或其他偏見而遭受歧視。

我認為會施加言語暴力的女性在某種程度上喪失了陰性特質，包含溫暖、包容與照顧的特性，以及情緒管理的能力。同時，她們也失去「陽性特質」，譬如自信、自尊與行動力。

相反地，會使用言語暴力的男性通常會喪失陰性特質，但仍保有行動力與決心的陽剛特質。換言之，他們可能是遵從了視女性為弱者的文化風氣，因而將某些本該是普世性的人格特質錯歸為女性獨有的特質，並且加以抑制。

約會暴力的出現

本書初版發行後，約會暴力問題越來越嚴重。日前，我在美國全國女性議員基金會的年度研討會上發表演說，會議中，遭謀殺少女的家屬呼籲議員持續推行相關政策，鼓勵學校教導學童認識暴力與控制行為。

有鑑於在伴侶關係中，家暴往往從言語暴力開始，我相信所有閱讀能力在平均之上的青少年都該讀本書。

在美國，每三位少女就有一位是受害者。十六至十九歲的女孩遭遇非致命親密暴力行為的比例高居全國第二，比例最高的則是二十至二十四歲的女性。十一至十四歲的青少年中，每五人就有一人表示，身邊有與異性約會過的朋友曾經歷暴力行為，而與異性交往的朋友中，有半數曾遭遇言語欺凌。

過去幾年中，有越來越多伴侶關係瀕臨結束的人向我求助，希望了解如何改變自己。他們發現，自己曾經以本書提到的多種方式來解讀伴侶的行為和反應。

我也曾見過一些施暴者的個案，明知伴侶已展開新關係，一切都無法挽回，仍然試圖改變自己。他們意識到自己需要尋求援助，才能符合原本的自我認知，成為不使用暴力的人。

一位名為麥克的男人在網路上架設布告欄，成立線上支援團體，幫助有需要的男性改變自身行為。他建立了「結束言語暴力與控制的男人」論壇，為認真尋求改變的男性提供協助。

麥克說：「發現自己是言語施暴者和控制者，就像掉進兔子洞一樣，我本來認知的所有現實徹底動搖。發現伴侶關係破碎、周遭的人懼怕自己，而且對於自我與他人的認知、人際關係等方面有很大的問題，是一個極其可怕的人生轉折。但你不用擔心，我們會幫助你。一旦你接受事實，開始邁向改頭換面的正確道路，就可以逐漸建立以信任、尊重與愛為基礎的關係，也會發現一切努力都是值得的。」

這些尋求協助的男性希望保持清醒的意識，停止惱人的行為，例如擅自對伴侶的內心想法下定論，批判另一半的動機、需求、感受甚至是本質。

舉例來說：

- 「你就是想吵架。」（動機）
- 「你只是要吵贏。」（需要）
- 「你才不是真的這樣覺得。」（感受）
- 「你老愛小題大作。」（本質）

施暴者不可一世地做出這些評論，彷彿自己是伴侶肚子裡的蛔蟲，掌握了他們的每一個想法，還對自己的判斷深信不疑！

然而，也有越來越多人明白，這種評論是不理性的，並努力阻止自己與其他人做出這種行為。

一路走來十分漫長，不過……

如今，許多男女都堅定反對言語暴力。雖然我們已走過漫長路途，未來仍將面臨艱辛挑戰。

我衷心期盼，本書能在相關議題中扮演不可或缺的角色，為受害者的支援、施暴者的教育及社會各階層對言語暴力的意識，提供更多幫助。

備註

我所知的案例多為女性，這只是因為我從男性個案獲知的資訊非常少，並不代表男性不會是關係中的受害者。

如果你是男性，正試著改善伴侶關係和尋求溝通，而且認同書中的受害者，請在閱讀本書時依自身情況參酌。

此外，書中也使用化名，以維護當事人隱私。

序言

為保護當事人隱私，書中提及的人名與情況均經過適度修改。這些人當中，有些人是言語施暴者的前任伴侶或配偶，有些人仍處於充斥言語暴力的關係中。

相較於在肉體上留下傷疤的肢體暴力，言語傷害更不著痕跡，造成的痛苦也不亞於肢體暴力，但從中復原卻需要更長的時間，還讓受害者生活在日益混亂的處境中。在公共場合，伴侶也許表現得像是位紳士，私底下卻可能完全變了個人，不是暗中貶損，就是大發雷霆；不是冷淡疏離，就是自大傲慢；不是冷嘲熱諷，就是沉默壓抑；不是威逼操縱，就是蠻不講理……這些都是常見的表現。如果受害者抗議，施暴者會擺出一副「你哪根筋不對，沒事硬要找架吵」的態度，以各種藉口反駁。受到言語暴力的人通常沒有目擊者可求助，也沒有人能了解自己的處境，家人與朋友還可能認為伴侶人還不錯。當然，加害者本身也自認是這樣的人。

如果你經常遭受言語暴力，卻總是被他人明示或暗示你的感覺與認知是錯的，可能就會懷疑自己的經歷，同時卻沒有意識到你正在懷疑自己。我相信你在讀這本書時，會發現這些經歷與感受似曾相識。

本書的目的是讓你察覺那些無形的言語傷害與操縱，揭開言語暴力的細微差異與真實情況。所有受到傷害的人都希望能忘掉過去，永遠不要想起痛苦不堪的回憶，他們的故事正是啟發我寫作此書的動力。我們可以汲取過去的教訓作為借鏡，清醒地做出選擇，邁向更美好的未來。倘若有人看輕自己，一切努力就白費了。

這本書主要敘述我與四十位受害者的訪談內容，受訪者的年齡從二十一至六十六歲不等，他們與伴侶維持的關係平均長達十六年。這樣算來，我一共匯集了六百四十年的言語暴力經歷。大多數受訪者已離開慣用言語施暴的伴侶，但過了五年、十年甚至十五年，對這段關係的認知與經歷仍揮之不去。許多人嘗試過各種方式來改善彼此的關係，譬如解釋、忽視、詢問、懇求、單獨或雙方尋求諮商、盡可能獨立生活、自掃門前雪、不要求太多、不斷讓步或試圖理解，但都徒勞無功，他們始終沒搞懂關係怎麼會演變到這個地步。

如果你讀完本書後，懷疑自己正處於言語暴力的關係中，建議你帶著這本書尋求專業諮詢。你需要他人的支持，也需要佐證你所身處的現實。假如雙方都願意改變，還是有可能重建幸福關係。

重要提醒

如果你經常受到言語上的傷害，甚至是暴力，如果你內心深處不停探究以下這些問題的答案：如何才能與對方有效溝通？為什麼他老是告訴你，你誤解了他的話？為什麼他老是告訴你，你那些感受都是錯的？那麼你可能一直都被伴侶誤導，因而認定自己在溝通、認知或感覺方面有些問題。看到這裡，你也許會問：「可是，我怎麼可能改變本性？你剛才不是寫說，『假如雙方都願意改變，還是有可能重建幸福關係』？」

不要絕望，我不認為你應該為了與伴侶建立幸福關係而改變本性。我建議的是，在意識到問題時，你必須採取行動，採取這些行動就需要做出一些改變。這麼做，你也許會面臨「失去愛」的恐懼，但若不這麼做，你可能會面臨「失去自我」的恐懼。

本書的立論前提是，言語暴力跟控制息息相關，是一種以權力壓制他人的手段。這種暴力可能是外顯的，也可能是隱蔽的，也有可能長期持續，充滿控制，甚至可能像巴赫與德意奇（Bach and Deutsch）在一九八〇年的著作中所稱，會「製造瘋狂」。

言語暴力不像肢體暴力那樣是看得到的，不會造成瘀青、黑眼圈或骨折等肉體上的外傷，影響大多無法量化。傷害的程度取決於受害者的痛苦強烈程度，而虐待的程度依據受害者經歷的性質而定。

我的目的是讓讀者學會分辨言語上的暴力與虐待。由於言語暴力本質上是一種經驗，因此本書的內容多與人的經歷有關。

了解以下的重要事實，你將更能掌握本書的觀點：

1. 一般而言，在言語虐待關係中，施暴者不承認傷害的行為。
2. 言語暴力大多發生在雙方獨處的時候。
3. 言語暴力往往是肢體暴力的前奏。

本書分為兩個部分。第一部分以自我評估問卷為開頭，列舉各種言語暴力的模式，再從廣泛的角度論述支配性權力與個人權力的差異，前者的表現為支配與控制，後者的表現則為相互依存與共同創造。接著，探索受害者的經驗、感受與想法，最後總結言語暴力的主要模式。第二部分定義言語暴力的類型，例如壓抑、對抗、漠視與輕蔑等，並描述受害者的文化背景，同時也闡述溝通與改變的適當方式。之後，針對言語虐待關係找出潛在成因與改善方法，另外也探討孩子與言語暴力之間的關係。最末章則討論言語虐待關係可能的發展方向。

第 I 部

在這個部分，首先列舉言語暴力的各種情形，幫助讀者評估並辨識不易察覺的言語暴力行為。接著，我將帶大家探討一些伴侶的經歷，揭露施暴者與受害者各自所認知的現實，他們宛如活在兩種不同的世界，無法了解對方的處境。透過這些研究，我們將會認識到言語暴力對受害者有何影響，包含思維、感受及信念等方面。之後，我描述並比較兩種權力：支配權力與個人權力，再以這兩種權力為背景，比較虐待關係和非虐待關係。

文中也討論因為文化因素與言語暴力所造成的混亂，總結常見的言語暴力模式，說明言語傷害確實會造成受害者做夢、產生某些生理症狀和內在感受。正是由於這些特徵，某些受害者才得以意識到，這段伴侶關係其實並不是自己所想的那樣。

第一章 檢視自己的經歷

對著活生生的人或動物憤怒大吼，肯定會扼殺他們的靈魂。棍棒與石頭只能打斷我們的骨頭，然而言語卻可以傷害我們的心靈……

——羅勃・傅剛（Robert Fulghum）

多數人都能注意到辱罵難聽詞彙這種言語傷害行為。如果有人罵你「白痴」、「蠢材」、「賤人」或任何其他帶有貶抑之意的綽號，就算是一種言語暴力。這些罵人的言詞是言語暴力最明顯的表現形式，不難判別，但其他形式的言語暴力就沒這麼明顯了。要認知成人伴侶關係中各種形式的傷害行為並不容易，主要原因是：

1. 大部分的言語暴力都在私底下發生，通常只有受害者才會聽到。
2. 言語暴力會隨時間而加劇。受害者會逐漸習慣並適應這種情況。
3. 言語暴力形式不一，難以區辨。

4. 言語暴力總是削弱受害者對真實情況的認知能力。

某種程度上，言語傷害已成為人類文化的一部分，普遍的表現譬如狂妄自大、打擊對方、貶損奚落、高高在上、刻意作對、具有控制慾、好批評、強迫接受或威脅恐嚇等。久而久之，很多受害者習以為常，將這些現象視為理所當然。這種權力遊戲在伴侶關係中不斷上演，當施暴者否認傷害行為時，受害者就會產生混亂。

以下列出各種言語暴力的情況，希望能幫助各位判斷自己身處的關係是否存在言語暴力行為。請根據自身的關係，勾選符合真實情況的描述。

□ 1. 儘管你無意惹惱他，他也會一週對你發火好幾次，每次都讓你覺得很突然。當你問他為什麼生氣時，他會說他沒有生氣，或是用某種方式表達「都是你的錯」。

□ 2. 每次你覺得受傷，試著與他討論你這種鬱悶的感受時，都覺得問題沒有徹底解決，因此你事後不會感到高興和寬心，也沒有雙方心結已經化解的感覺。他會說：「你只是想跟我吵架！」或透過其他方式表達他不想討論這個情況。

□ 3. 你無法讓他了解你的意圖，因此經常對他的回應感到困惑和沮喪。
□ 4. 令你難過的事並不是具體的事件（例如你與伴侶共處多少時間、要去哪裡度假……等等），而是你們之間如何溝通，意即他如何看待你說的話，以及你如何解讀他說的話。
□ 5. 有時你會困惑：「我是怎麼了？我怎麼會感覺這麼糟？」
□ 6. 他不願意或很少與你分享他的想法和計畫。
□ 7. 對於你提到的每一件事，他似乎總是站在相反立場，而且他並不認為這是主觀意見，彷彿本來你就是錯的、而他是對的。
□ 8. 有時你會疑惑，他究竟有沒有把你視為一個獨立的人看待。
□ 9. 你想不起來自己有沒有對他說過：「夠了！」或「不要再說了！」
□ 10. 當你試著與他討論問題，他不是發飆，就是說：「不知道你在說什麼。」

如果你認為有兩種或兩種以上的選項符合自己的情況，就可以藉由這本書來辨別言語傷害的行為；假如你從未遇過上述情況，依然可以試著了解言語暴力受害者的處境；如果你覺得好像有過這些經歷但又不太確定，請繼續閱讀本書。

言語傷害有各種形式，有些是外顯的，例如，施暴者突然對受害者暴怒，或用

「你太敏感了」之類的話語來攻擊；有些則是隱蔽的，譬如施暴者會說：「我不知道你在說什麼。」但其實他知道對方的意思。隱蔽的言語暴力之所以傷人，正是因為它不會直接表現出來，而是一種隱性的攻擊或壓制。某些學者將這種言語暴力形容為會「製造瘋狂」，是「一種人際關係的行為模式，源於受到壓抑的強烈攻擊性，會嚴重損害受害者認知與處理人際關係的能力」。

這種言語暴力發生時，受害者往往不知所措。他必須相信自己的感受，並且認清伴侶不愛自己、不珍惜自己、也不尊重自己的殘忍事實。

喬治・巴赫與羅納德・德意奇在共同著作《夠了！你真令人抓狂》（*Stop! You're Driving Me Crazy*）中陳述：

以下列舉受害者的普遍感受，幫助各位認知自己是否正遭遇製造瘋狂的狀況：

1. 有時會被弄得不知所措，一時無法恢復鎮定。
2. 感到迷茫，不知道該向誰求助，只能漫無目標地尋找。
3. 經常在毫無防備下遭受攻擊。
4. 感到孤立無援，困惑不解，不知所措。
5. 覺得心煩意亂，彷彿失去重心，就像有人把自己腳下的地毯抽走一樣。

6. 接收到模稜兩可的訊息，卻又基於某些原因而無法（或害怕）問清楚（或是問了也得不到確切的答案）。
7. 只要伴侶出現，就會坐立難安。
8. 發現原來自己對自身立場或行為的評價是錯的。
9. 某項承諾被打破，或某個期待落空，令你措手不及。
10. 覺得某件美好的「夢想」破滅了。
11. 認為對方是好意，結果其實是惡意。
12. 好像被人牽著鼻子走似的，沒有自主權。
13. 不斷鑽牛角尖，深陷其中。
14. 原本清晰的認知逐漸變得模糊。
15. 有種不安、不尋常的空虛感。
16. 有種逃離的衝動，但又感覺動彈不得。
17. 感到茫然失措，無法解決問題。
18. 隱約覺得有事情不對勁。
19. 覺得自己的主觀世界變得混亂。

你可能會發現自己曾經體驗過上述某些感受與經歷，有些選項則不太確定。有的受害者要脫離關係一段時間，才會意識到自己「曾經有受到虐待的感覺」。

言語暴力是具有敵意的侵犯行為，施暴者並不是受到伴侶激怒才做出這種舉動。他會有意無意地否認自己的行為，無論如何，他都不太可能會某天突然覺悟，懺悔著：「天啊！我到底做了什麼？我對不起你，以後絕對不會再這樣了。」受害的感受唯有當事人才能體會，所以通常只有施暴者的伴侶才會意識到問題。如巴赫與德意奇所述，「正因為這種行為傷害了當事人，當事人才會意識到攻擊性的存在。」

一般而言，施暴者不會主動尋求改變，因此認知言語暴力與傷害的責任都落在受害者身上。然而，受害者可能難以意識到言語暴力的存在，因為施暴者會誤導他懷疑自己的感覺。舉例來說，如果受害者因為伴侶說的話而覺得受傷或煩惱，並表達自己的感受：「你那樣說讓我覺得很難過。」施暴者非但不會體諒他的感受、適當安慰他，反而會加以駁斥甚至否定：「我不知道你在說什麼，你也太玻璃心了吧！」因此，受害者就會懷疑自己是否真的過於敏感。這種情況為何會出現呢？有可能是因為，受害者和許多人一樣，從小被教導自己的感受並不重要。然而，感受對於人類的存在是極為必要的，是我們判斷一件事是否有問題或不安全的準則。

當受害者認知並肯定自己的感受時，便能意識到言語暴力與虐待的存在。換言之，他可以說：

我覺得難過，代表我正在遭受傷害。
我覺得被貶損，代表我正在遭受歧視。
我感到不受認可，代表我正在遭受否定。
我覺得被忽略，代表我正在遭受忽視。
我感到被愚弄，代表我正在遭受愚弄。
我覺得被看輕，代表我正在遭受藐視。
我感到孤獨，代表我感覺被拒於門外。
（你可以依此繼續往下填：我感到＿＿＿＿，代表我正在遭受＿＿＿＿。）

如果受害者向施暴者表達遭到攻擊的感受，**可以肯定的是，施暴者一定會否認到底**。例如，當受害者提出抗議時，施暴者會語出嘲諷地說這只是開玩笑而已，這時，受害者可能就會懷疑自己的認知是否屬實。然而，「言語暴力的認知並非來自他人的看法，而是取決於自身的感受」（出自《夠了！你真令人抓狂》）。

第二章　言語暴力的影響

她笑了，毫無疑問，
當我經過她身邊時，她笑了。
但誰經過時，她不是這樣笑呢？於是，我一聲令下，
她臉上的微笑就此暫停。她佇立在此，
一如活人。

——羅伯特．布朗寧（Robert Browning）

理解與被理解是人類最重要的需求之一。在言語虐待關係中，受害者理解與被理解的需求都無法獲得滿足。然而，他卻以為伴侶能夠講理，相信再努力一點就能相互理解，因此繼續生活在這種關係中。

其實，受害者之所以無法與伴侶相互理解，全是因為另一半具有施加暴力的傾向，還會運用權力打擊對方，但通常受害者難以理解這個真相，如此一來，受害者便

陷入混沌的現實，自尊遭受踐踏，卻又受施暴者指控是問題的罪魁禍首。

許多受害者都在關係中逐漸喪失自信與自尊，他們經常沒有發現這樣的變化，即使察覺自己的認知改變了（譬如失去自信），通常也找不出變化的肇因。

本章將討論言語暴力造成的後果，尤其是關於受害者的自我知覺與精神。除此之外，受害者的情緒也會受到影響。受害者可能會有這些經歷：

1. 自發行為受到伴侶的懷疑。
2. 失去熱情。
3. 隨時處於備戰狀態。
4. 不確定伴侶會如何解讀自己的言行。
5. 擔心自身哪裡有問題。
6. 習慣反覆回想發生的事情，期望找出哪裡不對勁。
7. 喪失自信。
8. 越來越懷疑自己。
9. 內心有股「自我批判的聲音」。
10. 總是怏怏不樂，但卻覺得自己應該要過得很快樂才對。

11. 擔心或害怕自己發瘋。
12. 感覺時間不斷流逝，似乎有什麼事情自己沒注意到。
13. 希望自己能夠改變個性，例如「太敏感」之類的。
14. 不敢相信自己的認知。
15. 不願下結論。
16. 渴望逃避現實或離開。
17. 認為自己最擅長做的事說不定其實是做得最差勁的事。
18. 總是想像著未來，抱著「等到某個時間點或某件事發生之後，一切都會變好」之類的想法。
19. 對未來的新關係失去信心。

言語暴力會危害人的精神，扼殺生活的喜悅與活力。施暴者在與伴侶溝通時，總是以不相干的話回應，扭曲受害者對現實的認知。許多受害者相信伴侶是誠實、坦率的，會說那些話一定是出於某些原因，問題在於自己沒有弄懂。當施暴者以不相干的話來回應溝通時，受害者通常會試著更進一步解釋，希望對方能了解自己的意思。

受害者不明白伴侶這樣做的動機，只是「活在希望之中」。他會不斷回想彼此互動看似正常的時刻，並因此懷抱希望，相信情況遲早會有好轉的一天。如果伴侶說愛他或做出愛的表現，他更會加深這種不切實際的盼望。

許多受害者表示，伴侶偶爾會送禮物、分享自己的想法，或讚美他們，例如容貌或廚藝。此時，受害者就會忘記過去，對未來抱持更多的期望。正是這種盼望，讓他們留在虐待關係中，而這段虐待關係也讓他們感到越來越混亂。

以下列舉三種伴侶互動的例子，說明雙方在溝通與回應上的出入，這些出入正是使受害者感覺混亂的原因。下列情境是出自受訪者的故事，當事人的姓名與情境均經過改編。從這些受害者的想法中，可以看出言語暴力造成了哪些影響或後果。

互動一

寇拉與科特結婚二十二年，兩個孩子即將成年。在以下這對話發生時，她並不知道丈夫有言語暴力的傾向。類似這樣的事件經常發生。

有一天，我在屋外，感覺到要變天了，有點高興。科特剛從屋裡走出來，我注意到天空出現烏雲，空氣中瀰漫著濕氣，心想：「等等可能會下雷陣雨。」我想到冷鋒正在逼近，轉過頭對科特說：「天氣一下子從熱變冷，說不定下雨的機率變大了。」科特打斷我的話，憤怒地說：「這哪裡冷，是涼！」

「喔，」我說：「我不是說這裡很冷。」

「你剛才就是在說冷！」科特怒瞪著我。

我試著對他解釋：「我知道這裡不冷。我是指整體的天氣狀況和氣候的變化。」他生氣地說：「你剛才哪有說氣候變化！」我繼續努力澄清：「我想說的是……」話才剛出口，他再次打斷我：「可以閉嘴嗎？我真的沒辦法和你溝通！」

我心中一陣難受（這是言語暴力的明確特徵），納悶：「為什麼我無法讓科特了解我想說的是什麼？溝通怎麼會這麼困難？也許要是我當時只說『我覺得等等可能會下雷陣雨』，他就聽得懂我的話了。」

其他人在場的時候，這種談話從來不會發生。

如果寇拉知道，科特會這麼做只不過是支配慾作祟，她就會說：「不要打斷我的話！」然而，寇拉卻堅信科特是真的想了解她在說什麼，只是有所誤解，因此試圖解釋自己的意思。

寇拉多年來一直承受科特以各種方式施加不同程度的言語暴力，我們可以藉此進一步檢視言語暴力的影響。

1. 寇拉發現，自然地做自己、保持開放坦誠的態度，卻讓自己更容易受傷。（施暴者會以循環的模式，反覆施加言語暴力。通常，受害者剛從傷害中復原，遺忘上一次的痛苦經驗，下一次的傷害又出現了。）
2. 寇拉失去了熱情。
3. 科特總是毫無預警發火，讓她時刻處於備戰狀態。
4. 寇拉總是不確定科特會如何解讀她的言行舉止。
5. 當科特說「我真的沒辦法和你溝通」，寇拉便會思索自己是否做錯事了。
6. 她反覆回想這個事件，試圖找到答案。
7. 寇拉逐漸喪失自信，自我懷疑逐漸增加。

互動二

莉與路克結婚十二年，育有一個六個月大的孩子。莉是一位才華洋溢的藝術家，獲獎無數，路克則是一名成功的商人。某天，路克正準備出差。

他們有兩台車子，一台是舊的福特車，另一台是剛買不久的道奇車。路克向莉提議：「我出差的時候可以開舊車到機場，新車留在家裡給你開，免得新車在機場停車場被刮傷或碰撞。」莉同意了，她把舊車清乾淨，與路克交換了車鑰匙。路克出差那週，她開新車。

幾週之後，路克又要出差。莉不確定是否要把舊車清乾淨，讓路克開去機場，於是問他：「你要開福特車去嗎？」

路克一臉吃驚，不可置信地反問：「你怎麼會覺得我要用舊車？」

路克的反應也出乎莉的意料之外，她解釋說：「上次你……」

他馬上打斷莉的話，字字分明地強調：「如果你想開新車，就明說。」

路克的話令莉感到錯愕（這是言語暴力的明確特徵），不過她依然試圖解釋。一方面，她回想路克之前的提議，以及他們當時達成的共識；另一方面，她又努力向路克解釋，為什麼自己認為他會開舊車出差。莉說：「路克，我只是要說……」

路克彷彿沒聽見似的，又用同樣的那句話打斷她，叫她有話明說。莉感覺他們之間彷彿隔著一堵厚牆（言語暴力的另一個特徵）。她重新思考這個問題，想通自己根本不想開新買的道奇車，因為路克會不斷叮嚀她如何保養車子、該把車停在哪裡等等，她不想開車開得這麼有壓力，也不想再起爭端，於是對路克說：「如果你覺得把新車留在機場的停車場沒關係，那我就繼續開舊車。」

路克又以一副難以置信的表情看著她，並說：「說真的，機場的停車場安全得很，明明就會有警衛定時巡邏。」

此刻，莉很想提醒路克，之前是他不想把新車留在停車場一個星期，所以她才會這麼問，但她沒有說出口。路克似乎把之前的討論忘得一乾二淨，他肯定的態度讓莉不禁懷疑自己先前是否聽錯了。

莉覺得很沮喪，但又認為自己不應該這麼難過。如果路克完全忘了他們討論過車子的事，那就算了。「也許我真的太敏感了。」她心想。之後，她有種逃走的強烈衝動，覺得生活越來越艱難。

在外人面前，這種互動從來不曾發生。

像這樣的言語暴力對莉造成了許多影響：

1. 莉感覺自己應該要更快樂，但卻沒有。
2. 莉逐漸相信施暴者經常告訴她的話，認為自己太敏感。
3. 莉開始質疑自己的認知，甚至懷疑自己的記憶。
4. 莉渴望逃離這個環境。

所有我採訪過的受害者都難以理解，為什麼在他們的感情關係中，與伴侶溝通如此困難。

互動三

梅與梅爾生了三個孩子，其中兩個在外地念大學。乍看之下，他們的婚姻非常美滿。儘管如此，在這段關係中，梅爾表現的言語暴力傾向越來越強烈。

梅向我描述了以下的經歷：

梅爾打電話回家，說想和女兒說話。我告訴他，女兒正在洗澡，要不要叫她晚點回電，他說好，接著又說：「她之前打來跟我說音響的事，你跟她說，我不知道問題在哪。」我說：「好，我會跟她說。」但他又說：「不，我可以等一下再打來，或是她打給我。」我說好，隨手拿起一支筆並問他：「你有什麼話要我幫你寫下來嗎？」他突然非常生氣地發火：「我沒有要你寫下來！」他的反應令我驚訝又難過（受到言語暴力的明顯特徵）。同時，我也努力想，他為什麼覺得我以為是他要我把訊息寫下來。在我們家，每個人接電話都習慣替對方寫下口信。許多複雜的情緒和想法全都湧上心頭，我說不出話來，只回

> 他：「我會跟她說你有打來，再見。」就掛上電話。
>
> 之後，我不停地想著：「如果我沒有問梅爾是否要我記下來，他就不會發火，我也就不會這麼難受了。」一定是我說了什麼，暗示是他要求我這麼做，是我說錯話了。我覺得難過得要命（受到言語暴力的另一個顯著特徵）。我心想，如果我連自己的丈夫都無法同理，又要怎麼在社會上與別人相處？當時，我正打算回到職場工作。

這樣的互動從未在別人面前發生過。

儘管寇拉、莉與梅都試圖與丈夫討論這些令自己痛苦的事件，但對方總是否認、忽視、指責，或顧左右而言他（請見第二部第八章）。

充斥言語暴力的溝通、施暴者拒絕討論問題、否認曾經發生過不愉快事件、暗示會產生不愉快都是因為伴侶說錯話，這些全都會危害受害者的身心。只要受害者相信施暴者是真誠的、坦白的，就會一直遭受言語暴力。如果沒有人肯定受害者對於現實的認知，他可能會繼續懷疑自己，害怕說錯話或做錯事、躊躇不前、不敢採取行動、擔心自己哪裡出了問題。**若受害者沒有意識到另一半的敵意，會以為雙方純粹是對事情的看法不同。**

典型的想法

本章開頭所列舉的言語暴力後果，會影響受害者的思想與態度，導致他們對自己及這段關係產生某些信念。我採訪過的受害者不一定有辦法好好表達這些信念，但這些信念經常變得根深蒂固，讓受害者堅信這些信念本身就是現實，而非他們針對現實所抱持的信念。多數受害者在意識到自己處於言語虐待關係之前，都會有以下想法，有些人的信念甚至不只一種：

1. 受害者認為，如果自己能將自己的意思表達得更清楚，伴侶就不會因為他的問題與想法而憤怒了。
2. 受害者認為，一定是自己的認知有什麼問題，才會對事情「有誤解」，因為伴侶總是這麼說。
3. 受害者認為，一定是自己個性上有什麼缺陷（如容易誤解和小題大作等），否則就不會這麼難過和痛苦了。
4. 受害者認為，就像自己如此真誠地對待伴侶、關心伴侶，既然伴侶說愛自己，就代表他也是如此對待自己。

5. 受害者認為，伴侶在工作時或和朋友在一起的時候，也是以相同方式對待別人，但他們卻不會激怒伴侶，也沒有任何不滿，所以一定是自己的問題。

6. 受害者認為，自己會覺得痛苦，是因為自己的缺陷而造成的。這個缺陷究竟是什麼並不具體，而是因為伴侶無數次指控，令受害者產生了自己不夠好的感覺。

有趣的是，施暴者斥責伴侶的話，其實說不定是在描述自己。一位受訪者引述伴侶對她的指責：「妳把事情看得太嚴重，動不動就妄下結論，而且妳看每件事都很悲觀。」事實上，言語虐待關係中的受害者往往持續忽視自身痛苦的嚴重性，也甚少做出結論，他們幾乎都極為樂觀，總是期待事情往最好的方向發展。

7. 受害者認為，只要伴侶意識到那些怒氣或尖酸的指責造成了很大的傷害，他就會停止這樣做。自己只是還沒找到適當的方式，讓他知道那些話令自己很難過。

8. 受害者認為，伴侶會做的事情，其他人也會做，自己只是無法像其他人理解伴侶那樣理解他。

只要受害者不明白這段關係的運作方式，就會永遠不知如何是好，也不會懂自己身上到底發生了什麼事。

許多受害者會試著改善與伴侶的溝通，然而，他們為了增進親密關係、改善溝通及尋求快樂所做的所有努力，全都會遇到障礙。

受害者越向伴侶表達期望與恐懼，渴求獲得認同與親密，施暴者越認為他在示弱，於是施暴者更加感到優越，更加冷酷，也認為自己擁有更多掌控權。

受害者越與伴侶分享興趣和目標，施暴者就越打擊他的信心、阻止他的計劃，使他重新落入施暴者的控制之下。

受害者越嘗試找話題與伴侶交流，施暴者就越不願意溝通，並為了受害者所給予的注意力而高興，也因為在過程中感受到權力而沾沾自喜。

受害者越有成就，施暴者非但不會替他開心，反而越容易輕視他所做的努力，好維持高他一等的優越地位。

受害者對尋求伴侶的認同與親密越不抱希望，越依賴朋友的陪伴，施暴者就越憤怒、越有敵意。

上述的矛盾情況清楚呈現了受害者的處境，他們為了自我成長、改善關係所做的一切嘗試，都只是招來痛楚與混亂。

第三章　為什麼難以辨識言語暴力

宇宙萬物都面臨一項法則：看清真實，否則只能毀滅。

——德日進（Teilhard de Chardin）

許多因素會妨礙受害者辨識言語暴力，在大部分的虐待關係中，都會出現這些障礙，阻礙受害者認清現實。一旦受害者辨認出這些障礙，這些障礙就會失去原有的力量，不再阻礙受害者辨識言語暴力，甚至還能將這些阻力化為助力。每一個障礙，都代表受害者需要改變的思維，或是需要採取的行動。常見的障礙如下：

1. 習於忽視伴侶不友善、不尊重自己、貶低與疏離等行為，認為這些小事不需要反抗。
2. 施暴者否認令受害者難受的事件，讓受害者覺得問題出在自己身上。
3. 受害者不確定何謂言語暴力、控制與操縱，因此持續處於混亂狀態。

4. 受害者認為自己的感受是錯的。
5. 施暴者每隔一段時間就會做出友善的舉動，令受害者遺忘之前難過的感受。
6. 言語暴力行為有可能非常隱晦，施暴者的控制隨著時間逐漸加強，使受害者慢慢習慣受到操縱。
7. 施暴者拒絕討論令人不快的互動，藉此控制雙方的溝通，從而控制雙方身處的現實。
8. 施暴者將不愉快的互動歸咎於受害者，受害者也相信對方，認為一切都是自己造成的。
9. 受害者缺乏非虐待關係的經驗，能夠與現有的這段關係比較。
10. 施暴者與受害者可能在扮演各自角色時非常稱職，合作良好，例如組成家庭、扶養孩子及開創事業等，使得關係中的言語暴力情形遭到忽視。
11. 受害者可能過於專注在經營家庭或發展事業，以致忽視關係中的問題，認定「反正世上沒有事情是完美的」。
12. 受害者可能從未經歷過健康的關係與良好的溝通模式。
13. 偶爾，施暴者會暫停言語暴力行為，所以受害者會忘掉「難過的時候」。
14. 施暴者的行為令受害者太過驚訝或措手不及，因此無法好好釐清眼前發生的事情。

15. 受害者的自尊不足以要求施暴者以禮貌與尊重相待。
16. 受害者認知的現實從未獲得承認。傷害發生時，往往沒有其他人在場，因此受害者會懷疑自己的經歷並不真實。
17. 受害者相信伴侶會理性看待自己的行為，因此伴侶所說的話一定「其來有自」。
18. 施暴者有時會做出言語暴力行為，有時卻又不會，因此受害者始終無法確定這段關係是否能繼續維持。
19. 受害者相信自己的認知有問題。
20. 受害者缺乏言語暴力的知識，也沒有更健康的關係模式能夠比較。
21. 受害者相信伴侶的行為就與一般異性差不多，只是有些地方是例外。
22. 受害者認為既然伴侶供自己吃穿，就代表他真的愛自己。
23. 當施暴者生氣時，受害者會認為是自己做錯什麼事才激怒他。
24. 受害者可能從未思考過：「我是不是受到了言語暴力？」

總之，受害者不明白：**一個具有虐待人格特質的人，也就是渴望支配他人的人，**

是無法以同理心去理解他人的。然而，這種發揮同理心的能力，恰恰是愛情與親密關係的要素。

受害者通常不了解何謂言語暴力，直到對方的傷人行為變得更多樣或更嚴重。如果受害者確實辨識出傷害行為，並正面反抗，施暴者通常會由於不願改變，而做出更激烈的舉動，試圖重獲控制權。他可能會憤怒地恫嚇受害者，或利用受害者的情緒來操縱對方，像是指責對方「正在摧毀這段關係」。

如果你發覺自己可能正處於言語虐待關係，你或許已經開始辨識出傷害的模式，從而意識到言語暴力的存在。

你必須清楚地覺察自身的經歷與感受，才能識別這些言語暴力模式。你可以藉由日記，來保持清晰的思路、分析自身經驗、記錄感受。

你可以思考下列問題：

「我多常因為對方說出口或沒說的話感到煩心？」

「當下，我的生活中出現了什麼問題？」

「當時，有其他人在場嗎？」

「我是否經常跟伴侶獨處？」

「與伴侶發生不愉快時，我有什麼感受？」
「我是否覺得困惑、錯愕、受傷、沮喪、遭輕視或脅迫？」
「我對這些事件有何反應？」

以下將描述十種言語暴力的行為模式。在一段言語虐待關係中，可能會出現其中某些模式，或全部皆有。

顯示言語暴力可能存在的模式

模式一

受害者可能辨識出的第一種言語暴力模式，就是那些令受害者心煩、受傷或困惑的互動，鮮少在公開場合發生。

言語暴力一如肢體暴力，通常發生在施暴者與受害者獨處時。即便滿屋子是人，施暴者也可能會等到大家都離開，只剩他與伴侶單獨相處時，才做出言語暴力的行為。施暴者掌握控制權與支配權的關鍵是保持隱密，這種狀況也會使受害者愈發混亂。不過，言語暴力也可能在孩子面前上演。假如施暴者在公開場合對另一半施加言語暴力，他要不是會加以粉飾，讓其他人認為他這麼說情有可原，就是會說出只有伴侶知其意的言語。言語暴力走向「公開」，通常是程度加劇的徵兆，或是肢體暴力的前奏。

南的先生奈德是一位事業成功的高階主管。她告訴我：「我很納悶為何自己跟奈德相處時那麼不快樂，因為朋友都說，我能嫁給這麼好的人，真的很幸運。後來我想通了，奈德在朋友面前與私底下判若兩人。這個事實令我震驚不已，因為這表示他一定知道自己的行為很惡劣，否則就不會只在我們獨處時才這麼做。」

我訪問的許多受害者案例中，親友都會稱讚他的另一半人很和善。在一個案例中，由於虐待行為太過嚴重、極具威脅性，曾有兩名心理治療師對受害者表示，她簡直跟戰俘沒兩樣。然而，她離婚後，家人竟然無法接受她所經歷的事實，因為在他們眼中，施暴者是個「好好先生」。施暴者在他們面前，從來不曾表現出私底下和妻子獨處時的行為。

模式二

受害者可能在言語虐待關係中辨認出來的第二種模式，是施暴者總會在對方毫無防備時，做出令人煩惱、傷心或困惑的行為。

這類事件總在受害者以為「一切都很好」時發生，沒有爭吵，也沒有任何這段關係並不美滿的徵兆。以下舉出一個案例。

寇拉描述底下的事件，表示自己當時才發現「事情不對勁」。

我慢慢注意到，我和科特相處時，每當我以為彼此過得很愉快，總會有一些事突然發生，令我感到很不舒服。有一次，我們參加一場市集，我將車停好，下車時，科特問我：「你要把停車收據留在儀表板上嗎？」我看了看附近的車子，回答：「不用吧，大家好像都沒有這樣做。」科特突然大發雷霆，歇斯底里地大叫：「你說什麼屁話！」他這樣突然發飆，嚇了我一跳。我覺得非常難過，甚至害怕到緩不過氣來，說不出回答的話。我心想，我們之間真的有問題。

模式三

受害者可能辨識出的第三種模式，是那些令自己難過、受傷、混亂的言語暴力，總在自己感到開心、充滿活力或自信時出現。

愛倫向我描述，她花了許多工夫，才弄清為何爾尼在家時，她經常覺得不安。她語帶顫抖地說：

起初我不知道問題是什麼，直到有一天，我發現那些令我煩悶的情況是有模式的。每當我高興或精神振奮的時候，爾尼總是會說一些傷人的話，或是貶低我，之後又說他只是在開玩笑。當我認清這個模式，意識到他總是在我開心的時候故意傷害我，我十分震驚，簡直快崩潰了。我努力振作，始終想不透他為何要這麼做。後來，我變得不敢讓他知道我很開心，久而久之，我似乎變得害怕快樂了。

模式四

第四種模式，是令受害者鬱悶、難受或不解的互動變得越來越熟悉。

這類型的言語暴力，可能會是本質類似的事件反覆發生，但表現形式各異。歸納而言，施暴者所說的話往往傳達出對於受害者的一種想法，可是這個想法與受害者的自我看法並不一致。對於受害者而言，這樣的言語傷害難以覺察。不過，確實有許多受害者成功辨識出這個模式，他們表示：「不管我做什麼，他似乎都把我當成敵人來對待。」就如貝拉所說：

我發現，每次我表達自己的想法，伯特都會反駁我。如果我在等一個重要的訊息，他總是忘了告訴我。如果我跟他說，某件事讓我很不開心，他就會生氣。從這些事件看來，他似乎把我當成了敵人。

模式五

在第五種模式中，那些令受害者難過、受傷或混亂的行為，經常傳達出對他的興趣感到輕蔑的意味。

朵拉敘述自己的經歷：

我和迪恩相處時，像是在吃晚餐的時候，要是我提到某件感興趣的事，例如大學開的新課程，他會翻白眼，沉著臉，搖頭嘆氣，還用覺得極度無聊的眼神看我。如果我問他：「怎麼了？」他會說：「沒事。」如果我再說：「你好像覺得很無聊。」他就會惱怒地說：「不要找我的碴！」這種對話層出不窮，讓我非常煩惱。之後我才看清，迪恩只是想貶低我的興趣。我很難過，他竟然會這樣對我。

模式六

第六種模式是，在令受害者難過、受傷、混亂的話語或舉動發生之後，施暴者並不會尋求和解，甚至看似完全不以為意。

寇拉這麼說：

每當科特吼我或酸我，讓我很受傷的時候，我會想要跟他溝通，但他每次都說沒什麼好談的，他不覺得有問題，也不覺得哪裡不對。他從來不會主動試著了解我的想法。

模式七

第七種模式，是在每一次言語暴力事件之間，可能會有間歇期，在這些期間，這段關係看似是和諧的。

許多受害者表示，他們與施暴者作為伴侶，有時會在沒有言語暴力的情況下，一起參與娛樂消遣、逛街購物或做家事。因此，他們會遺忘先前發生過的事，即便是前一天才發生的事，也能忘得一乾二淨。某些受害者會幻想這段關係比自己以為的更美好，尤其是另一半因事業出差很長一段時間的時候。

模式八

第八種模式，則是受害者在某方面遭到了孤立。

很多受害者都會經歷與日俱增的孤立感，尤其是與家人或朋友越來越疏遠。

模式九

第九種模式是，施暴者會擅自主觀地詮釋自己、受害者、這段關係，以及令受害者難過的互動。

通常，施暴者會用跟受害者大相逕庭的方式，來詮釋受害者、這段關係、自己本身及令人難過的互動。舉例來說，性情暴躁的施暴者會自認平易近人；冷漠無情的施暴者可能會宣稱，自己與伴侶的關係非常融洽；善辯好勝的施暴者則會指責伴侶老是故意想吵架。

模式十

第十種模式是，受害者從來不會說出施暴者對他們所說的話。第八章列出了言語暴力的常見語句，讀者不妨自問：「我會不會這樣說？」「我是不是聽人這樣對我說過？」許多受害者不斷受到施暴者的指責，也因言語暴力而混亂，但他們會驚訝地發現，自己從來沒有說過這些話，也從未想過要說，可是卻常常聽到伴侶對自己說出這樣的話。

如果你曾經或正在遭遇言語暴力，可能會在自己的關係中，辨識出上述至少一種的言語暴力模式。假如你剛開始意識到這些傷害的存在，那麼你會隨著時間推移，越來越清楚辨識出關係中的言語暴力模式。

有些受害者會因為夢境，變得更明白自身的感受與關係的狀態。有些夢的內容較具象徵意義，令人困惑不解，但也有些夢十分明確。這些夢境似乎能超越我們對現實的信念，因此可能有助於釐清混亂的認知。

暗示言語暴力的夢境

以下這些夢境的意涵直接而明確，不須多作解釋。受害者朵拉曾做過一個夢：

我做了這個夢，醒來嚇得全身是汗。夢中，每次我往前走，迪恩就把我推回去。我被困在原地，動彈不得。如果我往右，他會拉住我；我舉起手，他會壓下我的手臂；如果我往左，他會推我回去。我覺得越來越沮喪，也越來越恐懼，只能不斷回到原地。

貝拉的夢境是：

我跟伯特坐在車上，他在開車，離開道路，開到懸崖邊。我轉頭對他說：「我們這輩子過得快樂嗎？」

寇拉夢到了：

我看到一名黑衣女子站在我前面，科特在跟那名女子說話，以為她就是我。我聽到一個聲音說：「你們必須分開。」在夢中，我知道，那名女子是科特的一部分。夢中的我說：「喔，那是他的影子。」

愛倫的夢境則是：

我把車停在一個山丘上，坐在車裡，夢中的我知道那裡發生了三起謀殺案。我突然意識到兇手正在靠近我，隨後他從背後勒住我。我心想：「我就是第四個遇害的人。」我奮力掙扎，逃脫了他的箝制，但又擔心指甲抓傷他的手臂。我轉過身，看到兇手時驚呼：「天啊！是爾尼。」看見兇手的真面目，我很驚訝，而且就連在夢裡，我也不想傷害他。

（好幾位言語暴力的受害者都曾夢見自己被伴侶勒住脖子。）

安夢見：

我在一個房間裡。那是一個很小的牢房。突然，門開了。我恍然明白自己可以離開，於是我走出牢房，一路跑到海邊，跳進大海，發現自己在一艘船上，舒適又溫暖的房間和床鋪在等著我。

朵拉做了這麼一個夢：

山的一側有塊突出的岩石，我站在上面，看到身後的路崩毀了，前方的岩石也越來越窄，我既無法前進，也無法退後。我感到非常害怕，因為我知道我必須往下跳，否則會永遠困在這裡。一陣恐懼感席捲了我，轉眼間，我又站在地面上。我說：「喔，我踩到地了。」

莉夢見了：

一頭母熊從山丘下來，跑到我家後院。我聽到牠的聲音，走出房子查看。我看見一棵高聳纖細的樹慢慢傾斜，彷彿它沒有根。接著，我看到那頭熊躺在地上，樹砸在牠身上，將牠的頭撞裂，鮮血湧出。

象徵言語暴力的意象

一些遭受言語暴力的人發現，他們能將自身經歷轉化為充滿象徵意義的畫面。有時，對受害者而言，在腦海中想像一幅能傳達自身感受的意象，說不定比用言語訴說還要容易。

一個女人覺得自己就像個孩子，每次站起來或搖搖晃晃地走路時，總是會被打倒在地。

兩名言語暴力的受害者在把自己的親密關係轉化成圖像時，腦中浮現了一隻貓在吃掉老鼠之前先玩弄牠的畫面。

一個受害者想到自己的親密關係時，看見自己與伴侶之間隔著一層牢不可破的玻璃牆。

可能代表言語暴力的生理症狀

與施暴者一同生活，會背負著沉重的壓力，造成各種不同的生理症狀。一些接受我訪問的受害者表示：

「我精疲力盡，光是想做自己，壓力就大得讓我喘不過氣。」

「我的背一直發疼，我知道是我自己一直綳著背，就像要抵抗攻擊一樣，但我就是無法放鬆。」

「我摸不透他的心思。我老是生病，每天起床都覺得累。」

「有時我全身都不舒服，好像困在一個箱子裡。」

「我發現，只有在我和他相處整個周末之後，我才會頭痛欲裂。」

第四章　言語暴力的兩種現實：支配權力與個人權力

沒有靈魂的世界只是一片廢墟。

——喬瑟夫・坎伯（Joseph Campbell）

這個世界存在著兩種權力，一種會扼殺靈魂，另一種可滋養靈魂。前者為支配權力（Power Over），後者則為個人權力（Personal Power）。

支配權力的表現是控制與支配，個人權力的表現則為相互依存與共同創造。相互依存是一種人際相處方式，藉由良好的溝通與設身處地的理解，來促進自己與他人的成長與幸福；共同創造指的則是有意識地參與彼此的生活，這種狀態有助於實現人生目標。

言語暴力既是一種私人問題，也是文化問題，更在世界各地普遍可見，有鑑於言語暴力是源於權力的濫用，我將從廣義的角度概述支配權力。

支配權力是人理解世界萬物的一種方式。支配權力的信念就像一個濾鏡，相信支配權力的人會透過濾鏡來觀察這個世界，期望藉由控制他人以得其所欲。西方文明即建立在支配權力之上，如今，人類作為一種文明，對地球及其人口與資源有龐大的支配權力。我們擁有顛覆世界的力量，當然也能夠毀滅世界。不過我認為，支配權力的模式已經不再適合社會，因為依循支配權力的生活方式與作為引發了極其嚴重的問題，包含環境污染、潛在的全球滅絕危機、飢餓、無家可歸、偏見及暴政等。

由於這種種令人憂心的問題，我們更該關注自身尊嚴與生活品質。支配權力模式促成了支配權力的生活方式，這種生活會否定人的價值、危害生活品質。數千年來，以控制與支配為表徵的支配權力已滲透每個人的意識，使這個世界瀕臨混亂。

現代科學告訴我們，混亂之中將誕生新的秩序。問題是，這種新秩序從何而生？新秩序無法透過法律來制定，也不能借助更多的戰爭與支配權力來建立。我認為，新秩序終將從個人意識中誕生。正因如此，每個人都應該意識到，言語暴力是一種控制、支配、以權制人的手段。

如同一個文明的習慣與文化會影響個人的人際關係，由個人的人際關係所構成的微觀世界，也會影響宏觀的文明世界；也因此，我們或許能夠透過在人際關係中的行為，來影響這個改變的過程。如果這是事實，我們的日常生活便存在著機會，供我們認清自我價值、了解表達與保護自我的方式，這在伴侶關係中非常重要。

若想認知支配權力模式的影響，並且使自己不受這種模式所影響，我們必須傾聽自己，知道自己說什麼、以什麼方式表達。同樣地，我們也必須傾聽別人的聲音，了解他們的表達方式。有了這種意識，我們便能了解自己是否有尊嚴、是否受到尊重、是否能自我保護、是否保有自尊，進而尊重所有生命。我們可以從相信自己的價值與認知做起。

對受到言語暴力的人來說，相信自己的價值與認知非常困難，因為言語的傷害就像其他破壞性的行為一樣，對受害者造成嚴重打擊。就其本質而言，言語暴力會逐漸削弱、否認受害者的認知。我訪問的人之中，確實有些人意識到自己的親密關係存在問題，當然，他們並不認為自己是受害者，只知道有些地方不太對勁。就算有些人結束了這段親密關係，通常也不單是為了言語暴力，還牽涉了別的問題。

在言語虐待關係中，受害者在不知不覺間習慣伴侶的言語暴力，自尊也越來越低落。在施暴者的指責下，他成了代罪羔羊，進而淪為關係中的受害者。

接下來，我們將討論受害者的解套方法。他們必須從極度弱勢與令人困惑的處境中，努力找回自我價值和尊嚴。要做到這一點，他們必須認知到言語暴力的特徵。

支配權力模式的起源為何？愛麗絲．米勒（Alice Miller）所著的《全是為你好》（*For Your Own Good*）以及約翰．布萊蕭（John Bradshaw）的著作中，都提到了「不良教育」（poisonous pedagogy），我認為支配權力模式正是源於「不良教育」，同時也是「不良教育」的延續。不良教育意指成年人在教育或撫養孩子的過程中採取惡毒的方式，對孩子濫用支配權力來控制其行為，在孩子身上留下深刻的傷痛。在這種教育下成長的孩子，如果長大後未能走出這些痛苦經歷，將會延續如此濫用權力的作為，成為一名加害者。這些惡毒的行為，即是虐待關係中的現象。

目前為止，我們檢視了支配權力模式，並且指出個人甚至整個國家都有控制與支配他人的慾望。值得注意的是，只要一個人有能夠支配的對象，就能維持擁有權力的假象。可悲的是，很多人極欲維持這種假象，因為他們只知道這種權力。即使沒人可以控制，他們也會想辦法創造一個對象。

個人權力則是體驗權力的另一種模式。這種模式不存在贏家或輸家，不存在支配者或服從者，你也不需要控制他人的權力。個人權力靠著人與人相互依存與共同創造而運作，也是我們在這個世界上生存與認知事物的新方式。

接下來，不妨以一段關係為例，探討上述的概念。在一段親密關係中，雙方經常各自生活在不同的模式中，認知也與對方不同，一人生活在支配權力模式中，另一人生活在個人權力的模式中。既然雙方看待世界的觀點不同，自然無法理解彼此，也看不清對方生活在什麼現實中。

我在研究言語虐待關係的過程中發現許多問題，其中最關鍵也最令人驚訝的是，**施暴者與受害者生活在迥然不同的現實裡**。施暴者傾向控制與支配，而受害者傾向相互依存和共同發展，雙方在許多方面其實是處於兩種現實之中。

為了更進一步了解言語虐待關係，在此假設這對伴侶各自生活在不同的現實裡，並以現實一與現實二代稱這兩種生活模式，方便後續說明。現實一指的是支配權力模式的人際關係，現實二指的是個人權力的相處模式。換言之，熱衷控制與支配他人（支配權力）的人生活在現實一之中；偏好相互依存與共同創造（個人權力）的人則生活在現實二中。

時至今日，待在現實一之中的危害日益顯著，但許多人尚未接受現實二。我們還無法依據新的模式思考，於是在兩種對立的模式之間徘徊不定，面臨毀滅的威脅。

如果想脫離這樣的衝突與掙扎，我們必須去探討，來自不同現實的兩人建立親密關係會發生什麼事，假如我們身處於現實二當中，更要學會辨識處於現實一的人。譬如，那些認為「情場如戰場，必須不擇手段」的人即屬於現實一。以下將會舉一個例子，能夠說明生活在不同現實的兩個人在親密關係中會發生什麼事。

如果受害者是在現實一的世界裡長大，成年後生活在現實二，他會發現自己很難區分這兩種現實。他也許能在現實二之中生活，並且與伴侶相互依存，但自尊心卻達不到現實二的程度，好比魚離開了水，卻仍不是兩棲動物一樣。我發現，許多生活在現實二的人會接受和回應現實一的溝通模式，好像這種模式本來就是合理的。以下案例就說明了這種情況如何發生。這個例子呈現了虐待關係的核心問題，值得一讀再讀。

安正生活在現實二中，且認為另一半齊也和她一樣，但事實並不是如此。從他們的對話中，可以看到安會暫時逃離齊所處的現實一，進入現實一與現實二的夾縫裡喘口氣，也可以看出安以為齊與自己處於同樣的現實。

齊走進房間就一屁股坐在安旁邊的椅子上，不經意地說：「好啊！你就是要跟我作對。」（他處於支配權力模式的現實一，覺得自己高高在上。）

安顯得有點困惑，回道：「為什麼這樣說？」（她這樣回應，是因為她覺得齊這麼說一定有道理。她以為齊也生活在相互依存的現實中，所以他說自己「跟他作對」一定有某種原因。）

此刻，齊已在醞釀控制與支配的戰役，在他眼中，安已經準備好要接受自己的指控了。

於是，他以憤怒且隱約帶有優越感的語氣說：「因為你沒幫我摘水果。」

安覺得自己需要辯解：「我不知道你在摘呀。」

齊厲聲說：「我剛剛是在摘啊！」

至此，齊認定自己贏了。他根據支配權力採取了行為，攻擊安的基本自我認知，加上她問了為什麼，表示她接受了自己的指控。他並未意識到安所處的現實，反而自我感覺良好。

另一方面，安感到受傷且沮喪。她似乎無法讓齊了解，自己其實很願意幫忙。她感到很無力，也疑惑齊到底期望什麼，為什麼不說他需要她幫忙摘水果。她並不明白這不是摘水果的問題，也完全沒意識到齊所處的現實，因為齊經常表示自己有多麼愛她，對安而言，愛代表雙方互相體諒，而不是支配對方。

倘若安回應齊：「你說我和你作對，我覺得很受傷。」齊會做何反應？身為一個已經證實會言語虐待他人的人，齊想必會否認安的感受，說：「你就是喜歡小題大作！」或者諷刺地說：「好吧，如果你這麼覺得，我也只能說聲不好意思囉。」

這樣一來，安依然會感到受傷、困惑。

假如齊也與安一樣，生活在現實二之中，他會說：「真的很抱歉。我想我只是希望你知道我在摘水果，這樣我不用要求你就會來幫忙。」如此一來，我們只能怪齊過於易怒，但幸好他懂得檢討自己的行為。

如果安在現實二的環境長大，就會意識到齊沒有理由指控自己和他作對，也就能知道齊和她不是生活在同一種現實中，並且馬上回答「不要這樣說」之類的話。她會知道自己的確願意幫忙，所以不會接受任何輕蔑的指責，也不會因為無法讓齊理解自己而苦惱。她會知道齊根本不想理解，只想吵贏，畢竟生活在現實一的人就是如此享受權力的。

這種權力不是個人權力，而是支配權力，支配權力是一種竊取的權力。在現實一之中，**如果你沒有可以控制的對象，等於沒有任何權力**。

換個角度來看齊的控制慾，就可以理解所謂「害怕缺乏喘息空間的恐懼」，這種恐懼其實是害怕受到他人控制。在現實一之中，齊不是壓制別人，就是認為自己受別人壓制，因為在現實一，並不存在相互依存的狀態。

某些人可能已習慣像齊那樣的言語攻擊，甚至也能夠容忍施暴者的漫不在乎。儘管如此，沒有人能夠在支配權力的敵意下生活。除非施暴者自發性地尋求改變，否則他的行為會一直持續下去。如果受害者正面迎戰，如果受害者意識到言語暴力的存在，如果受害者要求改變卻遭到斷然拒絕，如果施暴者的態度是（這句話出自某個施暴者之口）「我愛說什麼，就說什麼」……那麼，受害者可能會發現他確實可以愛說什麼就說什麼，但受害者也能明白，**乖乖留在原地聽他胡說，對自己有害無益**。

第五章　個人權力：相互理解與支持

愛因自由而生，絕非支配的產物。

——埃里希・佛洛姆（Erich Fromm）

本章探討現實二，分析處於這種現實的人如何看待生活，以及如何建立親密關係。至於施暴者在現實一之中追求權力、支配與控制而危害關係的情況，則留待下一章討論。

個人權力是經由互相溝通、共同創造的關係而實現。這種權力是源自個人與自我感受的連結，並且隨著與他人合作和參與彼此生活而增強。兩個不會懷疑自身感受的人一起生活，會形成共同的現實，這個現實也就是他們這段關係本身。在這種現實二的關係中，雙方均清楚認知自己的個人權力，互相支持與包容，兩人都生活在現實二之中。

毫無疑問，現實二是一種理想的關係模式。如果你與伴侶正面臨困境，也許會納悶：「該如何改善現狀，建立相互支持的現實二關係呢？」你必須了解，單憑一人之力是無法建立這種關係的。這是一種共有的關係，需要雙方共同努力才能建立。同樣地，只要有一方不配合，就會阻礙這種關係的達成。

與他人合作和參與生活，需要一個人全心投入，發揮充滿創造力的生命力。如此一來，會創造出一種「個人現實」，這種現實也就是一個人與自身的關係。透過我們與充滿創造力的自己所建立的關係，我們才能體驗到個人權力，若我們無法好好認知內心的感受，就無法發揮個人權力。

個人權力是根據自我（即感受的來源）去意識、選擇和創造的能力。有了感受，我們才知道自己想要什麼、不想要什麼、什麼能帶來最大的滿足。

如果我們與自己及周遭環境建立起這種關係，我們不僅會體驗到自身的創造力與個人權力，也會將世界視為一個相互扶持、創意無窮的地方。這樣的現實與支配權力的現實截然不同，在支配權力的現實中，世界是一種階級分明的權力結構，而人類身處金字塔頂端，掌握了最高權力。

藉由對個人權力的體驗，我們會產生一種相互依存與合作的嶄新世界觀，抱持這種世界觀的人即是生活在現實二，我們透過現實二的觀點看待世界。

生活在這種現實的人必須具有高度的自尊，極為信任生命的發展過程，更需要意識到有些人並非生活在這種現實當中，並提防這些人可能會以帶來傷害的態度與手段行事。隨著我們在這個現實中長大，我們會逐漸了解自己不能接受或容忍貶低他人的行為，否則就等於貶低自己。

在現實二的關係中，個人權力需要經由相互依存與共同創造來維繫。雙方全心投入關係，同時也保有自我，在與自身的關係中充滿安全感，根本不需要利用支配權力控制他人來獲得安全感。在這樣的關係中，雙方都知道要：

- 表達自己，並傾聽對方的想法。
- 展現熱情，也分享對方的快樂。
- 表現自我，也顧慮對方。
- 尊重自己，也尊重對方。
- 樂於創新，並欣賞對方的創意。
- 尋求成長，也幫助對方進步。
- 珍惜獨處的時光，也尊重對方獨處的時間。
- 追求自己的興趣，也鼓勵對方做喜歡的事。
- 依照自己的步調行事，也尊重對方的步伐。

- 寵愛自己，也滿足對方。
- 全心投入自己的工作，也幫助對方。
- 保護自己，也安慰對方。
- 了解自己，也了解對方。
- 做自己，也接受對方。
- 愛自己，也愛對方。

以上列舉的是理想的情況。現實中，從互相支持、富創造力的關係，到毀滅性的關係，中間可能發生各式各樣的互動，難以預料，每一種互動行為都極其複雜。然而，在這個範疇內，我們可以從比較宏觀的角度加以檢視，標誌出特定的轉捩點或分界線，以識別一段關係中的問題究竟只是尋常的溝通不良，抑或是明確的言語暴力。

判斷言語暴力的標準在於，說話者是否有意圖告知或幫助對方，還是刻意不告知或幫助對方。**如果他的言語或態度削弱對方、不尊重或貶抑對方，就是言語暴力。**這裡的「告知」意義非常廣泛，例如，如果我向對方要求一件事，等於是將某種渴望或需求告知對方；與對方打招呼，廣義來說也是在幫助他人。

要辨別自己是否遭到他人貶低，必須先擁有高度自尊。若一個人擁有現實二程度的自尊，會知道自己在交往關係中擁有以下權利：

受到尊重　　分享感受
得到感謝　　受到親切的言語對待
擁有尊嚴　　得到準確訊息
保有自尊　　進行坦誠開放的溝通
獲得欣賞　　獲得關注
擁有溫暖　　得到照顧
受到體諒　　享有平等

為了讓大家更了解現實二所需要的自尊，以下我將比較擁有高自尊和缺乏自尊的受害者。

以上一章提到的安與齊這對伴侶為例，如果安的自尊低落，會這麼想：「齊會對我大吼大叫，是因為他不了解我不是有意要惹他生氣，我不是故意那樣說跟那樣做的。只要我解釋清楚，他就會寬心，我也會感覺比較好過。」

反之，如果安具有恰當的自尊，就會這樣想：「齊對我大吼大叫，只是把臭脾氣發洩在我身上。我要請他立刻住手，因為他沒有理由這樣做。」她擁有充分的自尊，明白自己不需要接受任何人對自己大吼大叫。

現實二的伴侶關係中，雙方難免都會犯錯。儘管如此，只要兩個人都保持個人權力，就能了解自身的錯誤，藉由相互支持來解決令人煩擾的問題。

以上的關係模式可供各位讀者評估、比較自己的關係，並提醒自己在關係中應該注意哪些事。下一章，我也將以施暴者與受害者生活在不同現實為前提，詳細描述施暴者的生活狀態、支配權力的現實以及言語虐待關係。

第六章　支配權力：施暴者與虐待關係

只要找出權力遊戲中的潛在規則及正當運用權力的方式，就能改變局勢。

——愛麗絲．米勒（Alice Miller）

從過往案例可知，許多受害者難以認識與辨別言語暴力的存在，因此，本章將探討施暴者的生活狀態，了解他們對待伴侶的態度或方式，並從中歸納出多數施暴者的共同特徵，以及虐待關係的常見情況。

施暴者如同受害者，是在現實一中成長，不同之處在於施暴者從未進入現實二。如果他想融入現實二，必須回頭審視童年時期的經歷，了解是什麼事情剝奪了他的安全感，進而引發了支配別人的慾望。

施暴者處於現實一之中，並且依照現實一的標準來評斷自己。生活在現實一之中，意味著生活在支配權力的模式下。他們不知道個人權力為何物，也從未體驗過源於個人權力的安全感與自我接納。為了逃避無能的感覺，他們支配伴侶、控制伴侶。

施暴者不會承認自己在操縱他人，因為假如他承認了，就必須面對自身的感受。

施暴者會抗拒受害者做出溫柔、體貼及坦誠以對的舉動，因為這些正是他害怕擁有的特質。在現實一，這些特質象徵著脆弱，而脆弱將會致命。

一般而言，施暴者並未多想自己對伴侶造成什麼傷害。在伴侶尚未意識到戰爭發動時，他說不定早已透過操縱或侮辱對方而「贏得勝利」。倘若伴侶覺得遭到貶低並如實告訴他，他會否認這是傷害，可能會反駁伴侶「根本就不知道自己在說什麼」。於是，受害者開始懷疑自己。

相較之下，慣用肢體暴力者用來混淆伴侶的做法，通常是會承認自己的行為，誠懇道歉，誓言下不為例，然後再度做出傷害的行為。這種情況下，受害者應該要認清，先前發生的一切都是真實的，身上的傷痕也是真實的。曾擔任加州康科德市家庭暴力受害婦女協會（Battered Women's Alternatives）顧問的婚姻家庭兒童問題諮商師蘇珊・哈拉奇（Susan Haraki）指出，有些肢體暴力加害者的否認機制太過強烈，甚至會盡可能將肢體傷害給淡化，彷彿那些傷害根本不算什麼，這種強烈的否認使受害者感到困惑，認知受到扭曲。

曾有一名逐漸意識到自己正經歷言語暴力的受訪者強調：「如果你不曾處於言語虐待的關係中，你會非常難以理解言語暴力是什麼情況。但要是你處於言語虐待關係中，可能會永遠辨認不出言語暴力是什麼。」

施暴者經常口口聲聲說自己深愛著伴侶，卻同時以狠毒的話語攻擊對方。每個人都渴望被愛，因此受害者很容易相信伴侶的話，畢竟要是他不愛自己，他何必這樣說？只能說，生活在現實一的人所認知的愛情，與處於現實二的人所認知的愛情，有著天壤之別。

我採訪過的每一位受害者時常聽到伴侶說出以下的話，有些嚴重虐待伴侶的人甚至會頻繁地說出這些話：

- 我愛你。
- 沒有人比我更愛你。
- 我永遠都不會離開你。
- 我不會做任何傷害你的事。
- 我只是希望你快樂。

正如每個人都有獨特之處，每個施暴者的特徵也不盡相同。有些人控制慾極強且吹毛求疵；有些則剛好相反，平常悶不吭聲，偶爾才會要求比較多，但非常會操縱他人；也有人總是怒不可遏，看什麼都不順眼。另外，有些施暴者熱衷集體行動，有些則是獨行俠。

以下列出言語施暴者的常見特點，有些人可能只符合少數幾項，有些人則是無所不包。有些特徵基本上很難辨認，此外，施暴者的自我形象也可能和伴侶眼中的他大相逕庭，例如他可能私底下總是憤怒地指責伴侶，卻認為自己相當隨和。

1. 容易不耐煩
2. 容易將自己發怒或其他舉動怪罪於伴侶
3. 無法捉摸（永遠不知道做什麼會惹毛他）
4. 憤怒
5. 情緒很強烈
6. 不接受伴侶的感受和意見
7. 不會表達溫暖或同理心
8. 喜歡控制他人
9. 私底下沉默寡言、無法溝通，或經常苛求伴侶、與伴侶爭辯
10. 對外維持「好好先生」的形象

11. 喜歡與伴侶競爭
12. 個性陰鬱
13. 嫉妒心強
14. 容易反駁或貶損他人
15. 喜歡批判
16. 愛操縱他人
17. 脾氣暴躁
18. 懷有敵意
19. 不表達自己的感受

通常，受害者很難客觀、清楚地看待施暴者，尤其是如果他不明白對方生活在與自己不同的現實中。施暴者不會尋求相互理解，只想控制對方。他會以變化無常的行為來讓伴侶措手不及，在伴侶沒有意識到的情況下擾亂伴侶。因此，如果回過頭來檢視這段關係本身，會很有幫助。

一段言語虐待關係並非真實的親密關係，只不過是維持著假象，因為在充滿傷害的親密關係中（現實一），並沒有真誠互信的關係所需要的正面條件，反而存在著某些負面條件。我將這些因素列在下方，接著再舉真實案例來詳述這些情況。

在現實一的關係中存在的條件	缺乏的條件
不平等	平等
競爭	合作
操縱	相互幫助
敵意	友善
控制	親密
否定	肯定

不平等 V.S. 平等

施暴者需要支配權力，因此不能接受對方與自己平起平坐，不過他可能會向受害者宣稱「我們是平等的」。為什麼不能接受雙方是平等的呢？因為對方的平等，在他眼中代表自身的劣勢。這樣一來，他就會需要請求對方幫忙，也可能會遭到拒絕；他也將被迫放棄控制權，沒有了權力，就等於失去了安全感。

一段關係是否平等，其中一項判斷的依據，在於雙方能否設定共同目標，並一起討論。在充滿言語暴力的關係中，雙方無法一同計畫未來。兩人若想制定共同計畫，需要在平等的狀態下互相溝通、理解，但在現實一並不存在平等和互相幫助。因此，受害者會發現另一半不會與他討論未來的計劃（不論長期或短期），甚至連週末要去哪裡都不願意討論。他們既不會一起討論個人的目標，也不會在相互扶持的情況下討論共同的未來，並達成協議。以下就是施暴者不願與伴侶一起計畫未來的例子。

星期六，貝拉想在下午到住家附近的湖邊走走。這天早上，她問丈夫伯特：「伯特，你今天有什麼計劃？」

伯特莫名地發火，說：「我一定要有計劃嗎？」

貝拉回答：「沒有啊，我只是在想，下午我們也許可以一起做點什麼。」

伯特更惱怒地說：「我為什麼一定要有計劃！」

貝拉回答：「你發什麼脾氣呀？我從來沒說你必須有計劃。」

「我沒有生氣！不要再說了！」伯特如此吼著，「是妳自己提到計劃的，現在妳又想裝作沒這回事！」

伯特的這番話令貝拉感到困惑、沮喪和難過。她不知道自己怎麼能忍受這麼糟的感覺，卻又無法討論這些情緒。根據過往的經驗，她知道如果自己再多說，伯特只會一直說「她想裝作沒這回事」。

貝拉說，她當下覺得很難受，反覆回想自己到底做了哪些事惹惱伯特。難道她流露出伯特應該要有計劃的期待？雖然她希望伯特沒有安排別的事，有空可以陪她，但她是否給了伯特一定要有計劃的壓力？

每當發生這種情況，都沒有人能幫助貝拉解開這些疑惑。

還有一次，伯特從後院走進屋裡，對貝拉說：「露台地板得換新了，需要花上一筆錢。」

貝拉非常高興，回答：「好啊，不過現在我們的戶頭沒那麼多錢，也許可以先換一半，以後再換另一半。」

伯特氣沖沖地咆哮：「沒有錢的話就算了！」

貝拉說：「但我很確定我們付得起。你想要規劃一下預算嗎？」

伯特怒道：「我不要規劃預算。」

貝拉問：「那露台怎麼辦？」

「我不想討論了，」伯特說，「你每次都愛買什麼就買什麼。」

「我沒有，而且我很樂意跟你一起規劃預算。」

伯特火冒三丈，大吼：「你真是沒完沒了！對，你最有理！」

貝拉接受我的訪問時表示，當下她感覺糟透了，她不懂為什麼伯特會覺得她是要吵架，也納悶伯特何以認為她花太多錢，她並沒有一直買東西，萬一有額外開支也會先徵求伯特的同意。如果伯特這麼在意開銷，為什麼又不願意一起討論預算？他是真的想換露台地板嗎？她該怎麼讓伯特了解，自己並不是要吵個沒完沒了，其實她很贊成他的想法，也願意合作。

她知道，如果再和伯特討論這個問題，無論是用什麼方式提，伯特都會認為她只想證明自己是對的。他經常這樣說，這樣貝拉非常痛苦，可是每當有外人在的時候，伯特從來不會如此指責她。

許多受害者經常花上許多時間，一直試圖理解類似上述這樣的狀況。**只要受害者不明白真正的問題在於雙方不平等，他們就會持續困惑下去。**

另一位受訪者寇拉也遇到相當常見的狀況，她與丈夫科特似乎總是無法一起制定計劃。科特的收入中有一大部分是來自佣金、銷售報酬和分紅，這些收入都屬於夫妻共同財產，可是寇拉始終不知道她自己的收入有多少，因為她只會看到其中一部分。

寇拉從來不能與科特一起規劃未來。有一次，寇拉報稅時發現帳上有四萬美元的商務支出，詢問科特這筆開銷的細節，他打斷了寇拉的話，並語帶威脅和指責地要她不要再追問（更多施暴者拒絕溝通的例子，參見第八章）。在別人面前，科特從來不會這樣指責她。

由貝拉和寇拉的故事可見，言語虐待關係中不平等的狀態，會令受害者多麼沮喪。施暴者不願意在平等的基礎上與伴侶對話，因此總是拒絕討論。伴侶關係中，若彼此溝通無礙，也能共同設定計畫，是可以為雙方帶來許多助益的，但施暴者的行為阻斷了這種關係的可能性，使得伴侶與自己都喪失了許多好處。

倘若受害者明白，真正的問題在於伴侶不願承認雙方是平等的，就能釐清雙方互動所引起的諸多困惑。

競爭 v.s. 合作

現實一的本質是競爭，相對地，在這個現實中不允許貢獻，因為對言語施暴者而言，伴侶達到的任何成都是一種威脅。施暴者只有在高高在上與凌駕他人時，才能感受到自己的價值。若是伴侶達成了某件事，受害者會覺得受到挑戰。受訪者朵拉說過一個故事：

有次迪恩出差，剩我和孩子在家。我發現浴室的牆壁有點剝落，於是重新粉刷，並趕在迪恩回來之前完成，打算給他一個小小的驚喜。他回家時，我迫不及待想告訴他這件事，後來還是決定等到吃完晚餐再說。當我帶他到浴室，說：「你看！我重新粉刷了牆壁，看起來很棒吧！」他突然大發雷霆，對我大吼：「你不要以為事情都是你在做，我也是有在工作的！」我向他解釋自己根本沒有這種想法，但他還是很生氣。他無法了解我的用意，我覺得非常失望、心痛又沮喪。他怎麼會覺得我認為自己做了所有事呢？怎麼會這樣？

在外人面前，迪恩從來不會如此憤怒。

如果伴侶不明白，施暴者是因為受到威脅而發怒，就會像朵拉一樣，以為是自己說錯什麼或做錯什麼，才會傷到對方，讓對方有了錯誤的印象。「你不要以為事情都是你在做」的痛斥，不僅是種指控，也令人感到混亂。朵拉的出發點單純是想幫迪恩分擔家事，想為這個家貢獻一己之力，然而，對方的感受卻與她的用意天差地遠。隨著這種情況不斷發生，受害者的精神也會受到打擊。

操縱 V.S. 溝通

施暴者必須支配他人才會感受到自己握有權力，因此他的內在是非常無力的。由於這種無力感，他會透過惡意的迂迴手段來達到目的，這種行為就是操縱。他們操縱別人、拒絕溝通的方式之一，是在對方有意討論問題時，回答：「對，我說什麼都錯！」這句話等於是隱晦地表達：「我是不會變的，我也不想跟你討論。」施暴者也可能在伴侶談起非常在意的煩惱時，假裝聽不懂或忘了曾經發生過伴侶所說的事。

操縱他人的方式有很多種，譬如只在有求於人時表現出親切和善的樣子、恐嚇對方實行計劃的後果將不堪設想，或是在雙方沒有達成共識時，就假裝一切都說好了，並擅自採取行動。以下是個操縱他人的言語暴力例子。

愛倫回到學校，繼續攻讀碩士學位。她發現，每次她需要準備期末考時，丈夫爾尼總會有非常重要的事情，一定需要她來做。她還發現，她坐在書桌前念書時，爾尼時常過來關心她，一副非常擔心她的樣子：「親愛的，你還好嗎？」

愛倫會回答：「我很好，怎麼了？」

「我只是想知道你好不好。」爾尼總是如此表示。

好幾個月來，這種情況不斷發生，愛倫開始在念書的時候感到不自在，此外，爾尼老是在她念書時暗示說她有哪裡不對勁，也漸漸削弱了她念書的決心。

如同一般的言語施暴者，爾尼從來不會在外人面前這樣做。

敵意 v.s. 友善

所有的言語暴力都具有敵意。對受害者而言，這樣的事實總令他們很難受，他們會痛苦地問：「他為什麼要對我有敵意？」當你讀完本書，便會逐漸明白箇中原因。此刻，假如你正與施暴者一同生活，你必須明白一件事：他對你有敵意，不是因為你做了任何事情造成的。

施暴者對受害者的敵意可能昭然若揭，也可能隱晦難察。他也許經常發怒，也可能從來不表現敵意，而是暗中控制並操縱伴侶。

一名受害者表示，她離開了習於操縱的丈夫，法院也下了保護令。但是，前夫好幾次無視保護令的約束騷擾她，讓她過得非常痛苦。後來，前夫打電話告訴她，如果她回到前夫身邊，所有的苦難就會結束。然而，她的前夫仍舊否認自己正是她不幸的源頭。

伴侶對自己懷有敵意，這可能是受害者最後一件明白的事。例如，在先前愛倫的例子中，施暴者說：「親愛的，你還好嗎？」乍看是關心，實際上是阻止伴侶追求個人的目標，而這無疑是一種極具敵意的行為。

施暴者也可能直接表達敵意，例如對伴侶大吼大叫。不過，他可能會在發怒時對伴侶提出一連串的指控，使對方以為他發怒是自己的錯。如果受害者像朵拉一樣，全盤接受伴侶對自己的指責，那麼當他終於意識到伴侶對自己懷有敵意時，必然會震驚不已。受害者也許一直認為，在這段關係中雙方都是善意的，只是伴侶不了解自己而已。

若一段關係中存在善意，雙方會互相幫助、彼此關心。當一方問：「你為什麼生氣？」另一方也會問：「你為什麼難過？」

控制V.S.親密

施暴者拒絕與伴侶討論問題時，也杜絕了解決問題的可能性。如此一來，他就能成功控制這段關係中的現實。受害者經常會有種揮之不去的不舒服和受傷感，覺得問題彷彿沒有終結的一天。由於問題並未徹底解決，所以同樣令人沮喪的事件可能會反覆發生。

所有的言語暴力都充斥著支配慾望。施暴者在伴侶不知情的狀況下控制伴侶，這種現象稱為「製造瘋狂」：「在製造瘋狂的行為中，持續掌握權力似乎是一項關鍵，這可說是一種在宣示支配的同時，也否認了支配或支配意圖的行為。」（巴赫與德意奇，一九八〇年）

言語暴力會阻絕真正的溝通與親密。一對伴侶若想建立親密感，必須互相扶持，而互相扶持需要雙方善意相待、坦誠以對，並且願意分享自己的內心世界。

施暴者無法一邊控制伴侶，一邊與伴侶保持親密。假如關係中缺乏平等、合作、相互扶持與善意，自然也不會有親密。「親密之愛是有趣、性感、浪漫、充滿啟發的。親密不在於交往多久，而在於雙方多頻繁分享自己的想法、對彼此瞭解得多深。」〔出自《我必須為了你的愛而放棄自我嗎？》（*Do I Have to Give Up Me to*

Be Loved by You?），喬登．保羅（Jordan Paul）與瑪格麗特．保羅（Margaret Paul）著。」

否定V.S.肯定

由於支配的慾望，加上不願意視伴侶為對等關係，施暴者會否定伴侶的看法、經驗、價值觀、成就與計劃。因此，受害者也許從未在關係中體會受到支持與肯定的感覺，還以為對方不支持或不肯定自己，是因為不感興趣或有所誤解。事實上，在一段言語虐待關係中，或多或少都否定了受害者所處的現實。

肯定是一種對他人的認可。諸如「我了解你的感受。」「你是這個意思嗎？」或「我懂你的意思。」等話語，都是一種肯定。

然而，在言語虐待關係中，受害者經歷的痛苦與混亂，通常都伴隨著施暴者對傷害行為及影響的否認。

第七章　受害者的內心感受

如果你勇於表達內心感受，你的坦誠將拯救你；如果你將真實情緒掩藏於心，你的封閉將毀掉你。

——聖湯瑪斯．羅金（St. Thomas Logian）

本章將帶大家探索伴侶的內心感受。如果受害者認清自己的感受，並且了解這些感受傳達的訊息，就能察覺言語暴力的存在。

其實，言語暴力的受害者大多都能認知到自己的感受，只是他們寧可相信伴侶對於他們自己與這段關係的說法，也不願承認自己的感覺。

之前我們已討論過施暴者所處的現實，假設他與伴侶生活在不同的現實中（也就是現實一），那麼，對於受害者而言，根據他的說法來認知自己所處的現實（也就是現實二），會是最不明智的做法。事實上，只有受害者能夠認知自己所處的現實，而最可靠的依據就是自身感受。

例如，若受害者在難過時聽到伴侶說：「你真是小題大作！」或「你完全搞不清楚狀況！」這時就是施暴者在替他解釋他的感覺、定義他的現實。假如受害者採信這種說法，他會越來越混亂。這正是製造瘋狂與精神虐待的本質。

我們要認識與尊重自己的感覺，才能認識並尊重自己與內心的生命力，譬如：「我覺得受傷，代表我正在受到傷害」，即是一種認知自我感受的表現。但是，怎樣才算是尊重自我感受呢？尊重自我感受，代表我們要重視自己的感覺，根據這些感覺，有意識地採取各種行動，來照顧、保護自己與內心的生命力。

人的感覺有時非常複雜，經常難以辨別和表達。這些感受是由我們對自己與現實的想法塑造而成，也可以被壓抑或隱匿。感受中所蘊含的力量，既可能使我們衝動行事，產生毀滅性的後果，也可以在有意識的情況下，適當加以宣洩。

引起感覺的可能是當下發生的事情，或者是對往事的回憶，抑或是對未來的期待。我們會經歷無數種感覺，像是恐懼、期待、幸福、氣餒、興奮、平靜、狂喜、憤怒、不平等……更複雜的是，這些感覺不僅有程度之分，也會互相混雜著出現。

為了簡化受害者感受的複雜性，我篩選了十幾種受害者會經歷的主要感受，再從特定的觀點加以討論，描述感受的個別意義與作用，藉此進行分析。

首先，我們假設一種狀態，在這種狀態下，人感覺清晰、平靜、完整且自主，擁有安全感、目標及意義。這種狀態稱為「個人權力狀態」，如果一個人認知到自己處於這個狀態，就稱為「保有自我」。

當兩個人處於這種狀態，並且建立關係，雙方身上的這種狀態就會受到加強，兩人皆獲得更多力量，靈魂備受滋養，這就是現實二的關係。反之，如果一段關係中的其中一方並非處於個人權力狀態，便會透過支配權力來滿足控制慾，破壞了伴侶與個人權力狀態的連結。在這種關係中，雙方都失去了一些東西，精神變得萎靡。

從這個觀點看來，人人都需要處於個人權力狀態，這也是每個人的權利。當我們生活在這種狀態，就能夠保有自我，當我們保有自我，便會感到平靜。個人權力狀態若受到加強，會激發驚奇、愉悅與熱情；若逐漸衰微，會招致悲傷、挫折與絕望。

一個人處於個人權力的狀態時，會有充分的安全感，這種感受源自內在，來自於自我與生命力的聯繫。由此觀之，我們的各種感受，多少都揭露了自我的個人權力狀態及精神狀況。

某些感覺顯示我們的精神受到傷害，就像瘀青代表身體受傷一樣。某些感受反映了精神的需求，就如饑渴表明了生理的需求。有些感覺代表生命力活躍，如同肢體動作流露身體的活力。因此，所有感覺都是精神狀態的指標，可使我們察覺精神上的變化、需求與狀態。

我根據受害者在關係中的經歷，篩選了一些主要感受，如下所列：

責任感　與　無能感
堅定　與　沮喪
愛意　與　拒絕
希望　與　失望
快樂　與　悲傷
安全感　與　恐懼
平靜　與　錯愕／震驚

混亂

言語暴力發生時，受害者也可能感到羞辱，尤其是他人在場的時候。

在言語虐待關係中，受害者的感覺通常會不時改變，錯綜交織，引發混亂感。接下來，我們將探討這些感覺，檢視受害者的個人權力狀態及精神狀況。討論過程中，我將個人權力狀態稱為理想狀態。

責任感 V.S. 無能感

責任感意指一個人認知到，自己擁有達成理想狀態的能力。此時，人的精神受到滋養。

無能感會使一個人認定自己沒有達成理想狀態的能力。此時，人的精神會萎靡不振。

大多數的受害者都認為該為自己負責，試圖提升自己、學習及成長。他們通常會在家庭、職場或學業上有所成就，同時也可能在潛意識裡認為自己有責任提升關係的品質。

舉例來說，受害者也許會認為，伴侶不了解他或是突然發怒，都是自己的責任，堅信應該為自己的表達方式與對方的解讀方式負責。施暴者生氣時，他會試圖釐清是什麼事惹惱他，之後設法避免。受害者之所以會覺得自己必須為施暴者的憤怒負責，是因為對方發怒時總是會指責他，要讓受害者覺察到自己習慣替他人扛責任，是很困難的。以下這段親身經歷就能說明這點：

完成這本書的研究工作後不久，我參加了一個聚會，遇到了一個熟人。他是一位五十多歲的商人，生性熱情。我們聊到辯論，我說：「我在搞清楚狀況之前，不會參與辯論，免得最後遭到人身攻擊。」我繼續解釋：「我參加過一個討論團體，他們的準備不太充分，我聽到一個男人說：『反正你們女人只想……』之類的話，結果原本可能精彩有趣的討論，就淪為充滿歧視、過度概化的言論。」

那位熟人回應：「是呀，我也見過有女性遇到這樣的狀況。」我表示這種事常常發生在我身上，接著說，在一段關係中，很多時候女性甚至不知道自己正遭受言語暴力，因為她們認為自己應該為傷害負責任。

「真的嗎？」熟人感興趣地問。

就在我思考該如何舉例說明時，我注意到他正盯著桌上的點心，於是我抓住機會說：「我可以舉一個例子。為什麼你和我說話時盯著桌子看？」我的語氣非常憤怒、煩躁、充滿控訴，就是施暴者會用的語氣。我一心想讓他體會言語暴力的情況，大概是發揮了潛在的表演天分，因為他馬上轉頭看我，語氣滿懷歉意，抱歉得讓我不太自在：「噢，對不起，我只是……呃……我只是在看餅乾。」

我也向他道歉，解釋我只是在舉例，所以他不需要太過在意。他非常詫異自己這麼容易「上當」，明明遭到莫名斥責竟然還道歉，認為對方生氣是自己的責任。

隔天早上，我一邊散步，一邊思考前一天的互動，突然間意識到，其實許多人都會認為別人動怒是自己的錯，尤其是突如其來的不合理指控。

我也發現，言語暴力的受害者經常會說：「我只是……」倘若他們長期遭受伴侶貶低，可能還會在做大部分的舉動之前先打預防針，即使旁邊沒有人，他們也會說：「我只是要……」例如：「我只是要打掃這個房間，在我去接孩子放學之前，還有一些空檔。」就像那位商人說「我只是在看餅乾」一樣，受害者說「我只是」的習慣，可能是在表達：「我希望沒有人覺得這件事不妥，沒有人會因為這件事指責我、對我發脾氣，或是說我有其他不良動機。」

受害者不但認為自己要為伴侶的怒氣負責，還認為伴侶的快樂也是自己的責任。倘若施暴者以無助、楚楚可憐的態度操縱受害者，他便很難避免這種責任感。如果施暴者以比較隱晦的方式勸哄，他可能會覺得自己必須按照對方所說的做，才能證明自己的愛。

假使受害者無法得到伴侶的理解、無法理解伴侶的想法和真正的需求，或是不明白他為何經常發怒，受害者的責任感就會轉變為無能感。

受害者一旦意識到言語暴力，便不會再認為自己必須為伴侶的行為負責。如此一來，他就能努力改變現狀，選擇自己想要的生活，對自己負責，並且追尋自己的興趣。這樣一來，他就能擺脫無能為力的感覺，回到自然的個人權力狀態，重振精神。

堅定 v.s. 沮喪

堅定的意志促使一個人試圖達到理想狀態。此時，人的精神得到滋養。

沮喪會令一個人產生自己無法達到理想狀態的認知。此時，人的精神飽受打擊。

為了更了解伴侶，也讓伴侶更了解自己，受害者通常會下定決心自我反省，嘗試以更適當的方式來表達自我。因此，當受害者發現施暴者誤解自己的意思時，他會試著解釋事情不是對方想的那樣，例如告訴施暴者，自己並沒有他說的那種想法，會那樣說的原因並不是如他所想，沒有做出他所認定的舉動，更沒有他指責的那種意圖。

不過，每當受害者解釋自己真實的想法、舉動、語意或意圖時，施暴者總是以某種方式加以否定，這使得受害者陷入絕望的深淵。

通常，受害者都不知道這段關係的問題出在哪裡，因為他們並未覺察言語暴力的存在。不論他們試圖做自己，還是變成他們相信伴侶會喜歡的樣子，都一樣沮喪。他們的沮喪很難辨別，他們不會抓狂、大吼大叫或碎碎念，因為他們不會將挫折感當成憤怒。他們只會努力振作，重拾堅定，再次努力試著理解伴侶、讓伴侶了解自己。

唯有當受害者意識到施暴者無意理解自己時，他才是真正開始理解施暴者。這個事實也許會令他感到憤怒，但他不會像從前那樣沮喪。少了沮喪的感受，他會更有力量照顧、提升自己的精神。

愛意 v.s. 拒絕

愛意使一個人渴望與對方分享自己的理想狀態。此時，人的精神得到滋養。

拒絕是指一個人受到對方抗拒。此時，人的精神飽受打擊。

伴侶之間表達愛意的方式有很多種，其中之一是分享喜悅，但在言語虐待關係中，這種方式甚少成功。事實上，受害者與伴侶分享樂事，以為對方也會很開心，但施暴者反倒大為光火，結果受害者會認為是自己沒有表達清楚、做錯事，或這件事根本就不值得高興。

在受害者看來，施暴者的冷漠疏離、吹毛求疵及嗤之以鼻……等等，都是在拒絕自己，顯示自己做的每件事都沒達到施暴者的標準，暗示受害者不討喜或不值一顧。伴侶時不時的拒絕，令受害者極為混亂、充滿不確定感。當他認知到伴侶對自己的拒絕，就會明白自己不能與伴侶分享快樂與活力。

希望 V.S. 失望

希望意指一個人相信自己有可能身處理想狀態。此時，人的精神得到滋養。**失望意指一個人認為自己不可能達到理想狀態**。此時，人的精神飽受打擊。

受害者總是期望自己的關係有一天會改善。儘管他知道難以與伴侶溝通，卻盼望著一旦彼此互相了解，就能離幸福更近一點。他會想盡辦法避免激怒伴侶，例如向伴侶提議，當他生氣時，可以先問自己為何要那樣說或那樣做。

同時，他也會期望伴侶理解，某些事對他是很重要的，譬如達成某個目標或擁有獨處的時間。受害者以為只要伴侶能了解，就會支持自己。他可能也希望伴侶明白，某些評論或行為會令他受傷或害怕，並且希望伴侶能夠表示歉意，不再重蹈覆轍。受害者相信一切都是可能的，畢竟伴侶時常把愛掛在嘴邊。受害者覺得這是很簡單的事：只要伴侶能夠理解，他們就會過得更快樂、更幸福。

受害者總是冀望與伴侶互相溝通、理解和建立親密關係，所以也經常因期待落空而失望。施暴者可能會採取一些看似關懷的行為，例如偶爾送禮物，手頭比較有寬裕的人也許還會帶對方到高級餐廳；施暴者也可能告訴對方，自己有多麼愛他。然而，施暴者的抗拒、疏遠或暴怒，又一再將伴侶從希望的天堂拉下失望的萬丈深淵。

快樂 V.S. 悲傷

快樂的感覺使一個人認為，理想狀態是可以獲得的。此時，人的精神得到滋養。**悲傷的感覺使一個人覺得已經失去理想的狀態。**此時，人的精神飽受打擊。

受害者在追尋自身目標、投入興趣時，會感到快樂；當伴侶能夠理解、與他交流或傾聽他的想法，他也會感到快樂。不過，一旦他意識到對方根本不了解自己、總是語出貶損、拒絕溝通、甚至動不動就發火或斥責，這種快樂便會瞬間幻滅，取而代之的是心痛與傷悲。

受害者的悲傷通常是極為深切的痛苦。他們經常用「痛徹心扉」、「心如刀割」等字眼來形容這種感受。

這些悲傷的感覺，顯示他們的精神遭受深沉的傷害。如果受害者能夠明白這一點，就會發覺這些感受反映了一些事實，而且這些事實與伴侶的說法大相逕庭。這樣一來，他就會知道，當伴侶說了一些「你根本小題大作」之類的話，不只是無中生有，更是一種言語暴力。一旦肯定自己的感受，他們會恍然發現，快樂源自於內心，自己尋求的是充滿滋養的關係，而不是打擊自信的關係。

安全感 V.S. 恐懼感

安全感指的是一個人感到理想的狀態沒有受到威脅。此時，人的精神得到滋養。

恐懼感意指一個人覺得理想的狀態受到威脅。此時，人的精神飽受打擊。

在言語虐待關係中，受害者儘管意識到某些問題，仍然相信能夠加以解決。然而，過了一段時間，越來越多言語暴力的事件出現，或是暴力的形式產生變化時，受害者會開始產生恐懼，並且明白自己正遭受傷害，甚至是虐待。如果受害者正面與施暴者對抗的話，倘若施暴者不願意改變，反而更加憤怒、暴力、更愛控制、更令受害者產生混亂，或是受害者直接告訴對方停止，對方卻拒絕住手或否認傷害，受害者將會越來越害怕對方的惱怒與難以捉摸。同時，受害者也會害怕失去自認為在這段關係中擁有的愛與安全感。

受害者只要認清傷害就是傷害，就能戳破這段關係中的安全感幻象。受害者面對精神或肉體上的危險時，內心的恐懼感是真實、確切的。唯有採取行動保護自己，才能捍衛自己的精神，重獲個人權力狀態下的安全感。

平靜 V.S. 震驚

平靜的感覺會使一個人意識到自己處於理想狀態。此時，人的精神得到滋養。

震驚的感覺會使一個人意識到自己已喪失理想狀態。此時，人的精神飽受打擊。

受害者常因伴侶突如其來的煩躁、暴怒、輕蔑或嘲諷而感到錯愕。言語暴力本質上是不可預測、讓人毫無防備的，因此受害者經常在放鬆、平靜、開心或熱情時，冷不防地因伴侶的舉動而震驚或受傷。

即使施暴者壓抑怒氣，不表現出來，伴侶也會因為他看似不了解自己、不懂自己在說什麼，而感到錯愕。就在受害者以為伴侶已經理解時，施暴者也常常突然拋出完全不同的解讀。

由於言語暴力難以預料，受害者很容易認定每次的事件都各自獨立、互不相關，每一次發生言語暴力，都看似是出於不同的原由。因此，在每個言語暴力的事件之間，受害者的心情可能會回歸平靜。由於每次的言語暴力都看似是一次性的事件，與前一次並無關聯，因此受害者不僅會遺忘先前的事件，還會非常難以辨識出言語暴力行為模式。

混亂

混亂的感覺使一個人意識到，自己尚未發現能夠解決內在衝突的方法。

受害者的經歷令他內心產生矛盾的感受，但由於他不知該如何解決，因此會產生混亂感。唯有當他察覺傷害的事實，才能化解內在的衝突。

為了更加了解受害者的困境，不妨從另一個角度來檢視他們身處的現實。受害者生活在現實二，以共同依存與創造的觀點看待世界，但他並不具備這個現實所需要的充分自尊心。他必須擁有足夠的自尊，才能覺察到施暴者其實生活在另一個現實中，以支配權力模式的觀點看待世界。

不幸的是，與施暴者一起生活，會使自尊逐漸受到損害，越來越難認清現實。當周遭沒有人可以證實受害者的狀態時，他會需要極為強大的自尊，才能認清自己身處的現實。有時，只要一本相關主題的書，或是知道「世界上也有人了解自己的處境」，就能改變受害者的想法。

第 II 部

在第一部，我們從宏觀的角度探討支配權力與個人權力，以及兩種權力各自衍生的現實一及現實二。在現實一中，施暴者將受害者視為敵人，不斷試圖支配與控制對方；在現實二中，受害者將伴侶視為夥伴，希望相互依存，一起創造幸福生活。

第二部中，我們將進一步研究言語暴力，探討其特徵和類別，以及尋求改變與修復心靈的實用步驟。另外，我們也將了解言語虐待關係的潛在成因，討論關於治療的重要議題，並且深入探究孩子與父母面臨言語暴力時會遇到的問題。

第八章　言語暴力的特徵與類型

比起贏得他人的心，打擊他人的意志更能讓我們感受到權力。

——艾瑞克・賀佛爾（Eric Hoffer）

言語暴力的定義：攻擊他人、傷害他人，誤導或中傷他人的言詞。

言語暴力可構成心理暴力。

言語暴力的普遍特徵

1. 言語暴力是傷人的。尤其是當施暴者否認自己的行為。如果受害者對言語暴力行為的認知遭到對方鄙視，又無法證明自己的現實，他所感受到的混亂也是一種傷害。

2. 言語暴力會攻擊受害者的天性與能力。受害者可能會開始相信是自己有問題，或是自己的能力很差，就如貝拉說的：

他常說我的開車技術很爛，後來我真的開始覺得自己不會開車。我想我被他洗腦了。但你知道嗎？我開了二十七年的車，從來沒出過車禍，也沒吃過罰單。

3. 言語暴力可能是顯性（暴怒發飆和辱罵），也可能是隱性（非常隱晦，譬如洗腦）。顯性的言語暴力通常會充滿怪罪與指責，使受害者一頭霧水；隱晦的言語暴力則是隱藏起來的攻擊行為，會更令受害者更混亂，用意是在受害者不知情的情況下達到控制目的。

4. 貶損他人的言語也可能是用極度誠懇及關切的語氣來說。愛倫的經歷就是很好的例子：

他曾經語重心長地對我說：「我們從來無法好好討論一本書，是因為很多常見用語明明是一般大眾都知道的，妳卻不懂。」我心想：「我和他溝通不良，一定就是因為這樣。」我非常傷心、絕望，畢竟按照這個說法，一切都是我自己害的。

5. 言語暴力是操縱的、控制的。 通常，受害者不知道自己遭到對方操縱和控制，但他可能會注意到自己的生活與原先的規劃天差地遠，或者是自己不如預期來得快樂。

6. 言語暴力往往看似無害，實際上卻十分危險。 言語暴力會輕視、不尊重或貶低受害者，例如：

a. 逐漸侵蝕受害者的自尊，通常是在不知情的狀況下。
b. 使受害者失去自信而不自知。
c. 受害者為了避免激怒伴侶，會有意識或無意識地試圖改變行為，這樣才不會再次受傷。
d. 受害者可能在不知情的情況下受到洗腦。如同朵拉的建議：

你永遠沒辦法根據朋友的所見所言，或是丈夫對於他自身與這段關係的解讀，來看清自己正在遭受言語暴力。請在書中強調，言語暴力可以是多麼含蓄、細微與不著痕跡。你會受到它的制約，產生混亂，然後就無法認清真相。

7. 言語暴力是無法預測的。不可預測是言語暴力最主要的特徵。如前文所述，受害者面對施暴者的嘲諷、打擊、鄙視或辱罵，會感到震驚、錯愕與不知所措。即使受害者再聰明、判斷力再好、思慮再周全，還是料想不到對方會有這種舉動，也不明白這些事件為何會發生，又該如何避免。

8. 言語暴力就是這段關係中真正的問題。當一對伴侶為了重要的問題發生真正的爭執，例如怎麼教養孩子或相處時間怎麼安排，雙方難免會動怒，但他們可以表達：「我生氣是因為……」或是「我想要……」假如雙方抱持善意，就能解決問題。但在言語虐待關係中，並不存在基於特定原因的衝突。真正的問題在於暴力，只要這個問題尚未受到解決，傷害行為不會有終止的一天。

9. 言語暴力會傳達兩種意涵。施暴者的說話方式與他真實的感受並不一致，例如，他會用誠懇又坦白的語氣，說伴侶有問題；即使暴跳如雷，依然堅持「我沒生氣」；邀請伴侶外出吃晚餐，卻在席間冷漠以對。受害者們如此訴說：

「他說他愛我，然後又告訴我，他想說什麼就說什麼。」

「他表示他能接納每一個人，但卻批評我、否定我的看法或感受。」

「他說自己隨和好相處，卻每天動不動發脾氣。」

「他說他支持我，但我和他相處時卻覺得孤單寂寞。」

10. 言語暴力通常會在強度、頻率、種類都逐漸加劇。

言語暴力通常會在強度、頻率、種類都逐漸加劇。舉例來說，在關係的初期，施暴者可能會把貶抑的言詞包裝成玩笑，程度也會比較收斂。但隨著時間過去，便會慢慢出現其他形式的言語暴力。

在許多案例中，言語暴力均升級為肢體暴力。起初施暴者會辯稱是「不小心」推撞對方，之後變本加厲，肆無忌憚地拳打腳踢。一位受害者表示，每次她與丈夫站在一起時，譬如在看地圖，他都會踩在她的腳上。她抱怨時，丈夫會擺出一副驚訝的模樣，好像完全沒注意到似的，但這種情況卻一而再、再而三發生。

隨著言語虐待進展為肢體暴力，施暴者可能會開始侵犯受害者的空間。一位受害者說，每次她在有靠墊的椅子上舒服地喝咖啡，之後暫時離開房間，回來後就會看到伴侶坐在她的位子上，不管她坐哪張椅子，對方總會故意挑那個位子坐，也總是拒絕把位子還給她。後來，她還發現每當自己走向冰箱或洗手台，伴侶總是故意擋在她前面。留意從言語暴力到肢體暴力的轉變非常重要，因為根據心理治療的臨床經驗，所有遭受家暴的女性都曾經歷言語暴力。

言語暴力與支配權力

整體而言，如果將言語暴力視為維繫控制和支配權力的手段，就更容易了解以下所列舉並說明的言語暴力種類，因為這些行為全是建立支配權力的方式。這是否意味著，施暴者隱晦貶低伴侶的興趣時，也覺得更有優越感？的確是如此，儘管我們難以理解。那麼，受害者是否會感受到對方的貶抑？答案則不一定。他可能會難過無法跟對方共同分享興趣，比如說，不能和伴侶一同欣賞某個畫家或作曲家。不過，這是否表示他的伴侶不懂得欣賞？答案也不一定。也許施暴者純粹是更喜歡透過支配權力來控制對方，但受害者可能永遠都不知道真相。

言語暴力也會阻礙雙方建立真正的關係。這聽起來很理所當然，然而，有些受害者活在幻象中，以為自己擁有真實的親密關係。會造成這種狀況的原因很多，其中一項重要的因素是，受害者和施暴者都能在這段關係中，稱職地扮演好各自的角色。

施暴者通常會將大部分情緒當成憤怒。例如，當他對某件事感到不確定與焦躁，就會勃然大怒，可能是對這些感受生氣。不過，感受的能力正是身而為人的一部分，這種能力與思考一樣，都是人類與生俱來的。可惜，施暴者通常不願承認自己的感受，也不願與伴侶分享。他們在自己和伴侶之間築起一道牆，總是保持距離。

為什麼？因為在現實一中，高牆是必要的，距離也不可或缺，如此一來，才能避免敵人靠自己太近。施暴者無論是有意或無心，都將伴侶視為敵人，或是必須控制的威脅，所以他用言詞挑起戰爭，通常是在伴侶不知情也不了解的情況下。言語是他的武器，而這些武器就是不同種類的言語暴力。

言語暴力的類型

1. 拒絕溝通
2. 駁斥

3. 減低重要性
4. 以玩笑偽裝傷害
5. 顧左右而言他
6. 指責、怪罪
7. 批評撻伐
8. 說對方所做的事情沒什麼大不了
9. 削弱
10. 威嚇
11. 辱罵
12. 遺忘
13. 命令
14. 否認
15. 虐待性的憤怒（將於第九章詳述）

1. 拒絕溝通

一段真正的關係除了交換資訊之外，必定還包含了其他元素。關係需要親密感，親密感則需要彼此理解與體諒。聆聽與理解他人的感受和經歷，就是與對方同理的表現。如果關係中有一方不願意分享自己的感受與經歷，也不願意為另一方著想，就無法獲得親密感。雖然在一段關係中，雙方不一定總是能理解彼此或清楚表達自身感受，但只要會說：「你的意思是這樣嗎？」「你的感覺是這樣嗎？」「我認為……」「我覺得……」就代表雙方有溝通的意圖。單憑一個人，不可能建立親密關係。

施暴者拒絕聆聽伴侶的話，否定對方的經驗，也不願意分享自己的想法，這些行為抵觸了經營一段關係所需要的共識。換言之，他拒絕溝通。

拒絕溝通的力量不亞於言語，也屬於一種言語暴力。簡單來說，拒絕溝通指的是一個人選擇隱藏自己幾乎所有的想法、感受、希望與夢想，盡可能不與伴侶分享，相處時也冷漠以對。這個類型的施暴者可能連續數個月或數年都這樣拒絕溝通，不會主動與伴侶交流，也不會抱著同理心回應對方。

拒絕溝通的情形可以持續數年之久，因為伴侶可能會在嘗試溝通一段時間後，認為對方只是不愛說話、生性寡言、極度害羞，或是有什麼情緒障礙，要不就是有些孤僻。相較於認清施暴者所處的現實，受害者更容易為施暴者的行為想出這些理由。

儘管受害者渴望對方的陪伴與交流，他可能會認為自己應該滿足現狀，不要期待超出伴侶能力範圍的事。受害者也許永遠都不會懷疑，其實是伴侶根本不想溝通。有的受害者會說：「他只是不好意思表達而已。」以梅與梅爾的互動為例：

有一次，我聽到梅爾跟他弟聊起我們剛看過的一部電影，他很好奇演員拍攝某個重要場景時的心境。（我真的想不起來，梅爾之前有沒有跟我提過他好奇什麼。）那天晚上，我告訴他，我聽到他和他弟的對話，覺得他那樣表達自己的想法很好，希望他也能像那樣和我分享。

我以為，這樣說他應該就懂了，我舉的這個例子夠具體了。我也認為，他願意說出他好奇什麼，對他來說應該是很大的突破，因為他除了講笑話或偶爾發表評論之外，一直很沉默寡言，讓我覺得他有點孤僻。我告訴他，也許他沒有發現，但我是真的很想知道他在想什麼。我相信，只要我告訴他，他對他弟說的話就是我希望他跟我分享的事情，他就能理解了，也會試著跟我交流，畢竟他從來沒有跟我好好溝通過。

讓我很困惑的是，他只說：「喔，好，之前我只是覺得你沒興趣知道。」

說得好像他懂我的意思，可是他似乎始終沒有真正理解我說的話。

寇拉也有類似的經驗。她說：「我不知道該怎麼做。我一度認為，要是自己能變得更風趣、更聰明、讀更多書或更有內涵，科特至少會偶爾跟我說話。」她若有所思地繼續說：「有一次我到朋友家，看到她先生回家後，跟她聊起在網球場遇到的朋友，那時我才真的意識到我和科特之間出了問題。我想不起他什麼時候跟我分享這樣的事，和他相處時，我總覺得孤單。」

有些拒絕溝通的施暴者還會利用各種偽裝跟掩飾，例如假裝沒聽到對方說話，在對方說話時自顧自地拿起東西，或是邊看電視邊說：「你說啊，我在聽。」

選擇拒絕溝通的施暴者，在伴侶尋求溝通時，會如此回應：

「沒什麼好說的。」

「你要我說什麼？」

「你有什麼好抱怨的啊？我會跟你說話呀。」

「你一直不讓我說。」

「我有需要告訴你我喜不喜歡嗎？反正你都自作主張啊。」

「你又沒興趣。」

這些回應無疑會令伴侶更加不解。他可能會覺得這段關係很正常，因為施暴者會提供功能性的訊息，可是這段關係實際上缺乏了親密感，因此是有缺憾的。功能性的溝通確實重要，但若要建立真實的關係，雙方不能只有這一種溝通方式，另外兩種方式也非常重要，一種是雙方真正參與其中的溝通，一種是雙方真正回應彼此的溝通。三種溝通方式的例子如下：

功能性的溝通

我今晚會比較晚回家。
我把清單放在桌上。
你需要幫忙嗎？
那件事是誰忘記的？
修理工具在哪？
請把我的信放在這裡。
節目開始了。
燈泡壞了。
車子快沒油了。

真正參與其中的溝通

告訴我你在想什麼。

猜猜我今天出門時發生什麼事。

我在想……

你有沒有想過……

你最喜歡的……是什麼？

你覺得……要怎麼做？

我最喜歡……的地方是……

我覺得……

你希望明年這個時候你在做什麼？

你對於……的想法是什麼？

你有空的時候可以跟我談談這件事嗎？

真正回應彼此的溝通方式

喔，我懂你的意思。

嗯，我了解。

真有意思。
我沒想過這點。
是啊。
對！我一直都是這麼想的。
聽起來你的意思是……
我想一下再跟你說。
你在想什麼？
你的意思是不是指……
喔！你是不是要說……

2. 駁斥

某些施暴者慣用駁斥的方式來傷害伴侶。由於他們生活在現實一，因此將伴侶當敵人般看待。伴侶的想法怎麼可以跟他不同？假如受害者抱持不同的觀點，可能會令施暴者覺得正在失去對伴侶的控制。因此，施暴者會反駁對方的想法、認知或生活經驗。這類言語暴力對於一段關係的破壞力最強大，因為它杜絕了所有討論的可能性，不斷否定受害者的現實，也使受害者難以理解施暴者的想法。不斷駁斥伴侶的施暴者似乎只會採取與伴侶相反的立場，受害者根本不可能明白他真正的想法，所以也無法了解他。如果一個施暴者既喜歡駁斥，又拒絕溝通，另一半要了解他會比登天還難。

在第五章所舉的互動一中，寇拉說「天氣一下子從熱變冷」，科特立刻怒斥：「這哪裡冷，是涼！」他想也不想就反駁寇拉，彷彿她真的有說「天氣很冷」。施暴者可能會在對方話一出口就急著駁斥，不願意聆聽對方，也不讓對方把話說完，當然也無法判斷對方說法的語氣。

值得注意的另一點是，在寇拉說「說不定下雨的機率變大了」時，科特不允許她有自己的看法。施暴者反駁對方時，不會用這樣的句子表達自己的想法：「在我看來……」「我想……」「我覺得……」而是直接否定對方的說法。選擇用駁斥作為支配手段、獲取支配權力的施暴者，會否定對方的想法、信仰與感受。如果對方在他面前說出：「在我看來……」「我想……」「我覺得……」通常都會遭到駁斥。

寇拉曾敘述科特如何駁斥她：

> 如果我直接說出我對某件事的想法，科特就會唱反調。我感覺自己說什麼

都會被反駁，他好像從來沒有同意過我的意見。就算我說的是自己的親身體驗，他也會說：「不，才不是那樣。」

關於駁斥的例子，可以參考下列對話：

對話一

施暴者：電影場景轉換太慢了。
受害者：真的嗎？我沒注意到耶。
施暴者：那你就錯了。
受害者：嗯，我是說我覺得還好，可能對你來說很慢。
施暴者（火冒三丈）：你根本什麼都不懂！我說的是客觀事實，任何一個影評家都會同意我的看法！

受害者試著解釋他們只是感受不同，施暴者卻說他的經驗和感受都是錯誤的。受害者後來表示，看到對方如此生氣，讓他覺得一定是自己的看法出了問題。

對話二

受害者：我覺得國家似乎花太多錢買軍備，反而忽略了教育這一塊。

施暴者：才不是這樣，再說你也找不到可以佐證的數據。

對話三

南經歷過以下這段對話後，發現奈德總是反駁她的意見。她本來同意奈德的看法，覆述他說的話，結果奈德立刻加以反駁。之後南又覆述他的反駁，表示同意，可是奈德再一次駁斥。這段對話如下：

奈德：那個燈罩和燈很不搭。

南：是啊，燈罩的確跟燈不搭。

奈德：其實還是挺搭的。

南：哦，所以燈罩跟燈很搭。

奈德：它們的顏色不對，所以不能說它們很搭。

南：喔，我懂了，顏色不搭。

奈德：不是顏色的問題。

南：我只是試著釐清你的意思。

奈德：不，你沒有。你一直誤解我的話！

儘管上述對話看來詭異，卻並不少見。可見，駁斥的確會阻礙溝通，也杜絕了建立親密感的可能性。

3. 減低重要性

減低重要性的言語，會否定受害者的現實與經驗，也極具破壞性。如果受害者未能認清這種行為，可能會花上許多年，還是搞不懂自己是哪裡不對勁，溝通能力又是哪裡出了問題。減低重要性的言詞，會推翻、扭曲受害者對於傷害的認知，因此是最為隱晦含蓄的言語暴力種類。

要了解這種言語暴力的形式，不妨假設有一件商品原價是一百元，打完折後只要一分錢，如此一來，這件商品的價值被大幅減低，幾乎不值一文，等於沒有價值。在現實中，施暴者會減低伴侶那些經歷與感受的重要性，彷彿意指這些經驗與感受毫無價值。

比如，若是伴侶說：「你這樣說讓我很受傷。」「我不覺得你說的話好笑，聽起來像是在損我。」「你那樣吼我，讓我覺得很難過。」施暴者會漠視受害者的感受，說些會傳達這種含意的話：「你的經驗跟感受都錯了，根本沒有價值。」以下是常見的貶低重要性言論：

你太敏感了。
你太隨便下結論了。
你開不起玩笑。
你對每件事都大驚小怪。
你不要無中生有好不好。
你一點幽默感也沒有。
你凡事都往壞處想。
你把事情看得太嚴重了。
你太多愁善感了。
你的想像力真是豐富。

你根本不知道自己在說什麼。
你自以為什麼都懂。
你總是有事情可抱怨。
你就是想鬧事。
你非得抱怨才甘心。
你總是誤解每件事。
你真是小題大作。
你又誤會我的意思。
你把每一件事都扭曲了。
沒事找架吵是嗎？

通常，受害者會信任施暴者，他可能會真的認為自己本身、自己的幽默感或認知出了問題，進而感到沮喪和無力。他會苦思好幾個小時，想弄清楚怎麼會讓伴侶誤會自己的想法，卻不明白施暴者說這些話，其實只是不想替自己的行為負責任。

4. 以玩笑偽裝傷害

言語暴力也會以開玩笑來掩飾，我訪問的所有受害者都經歷過。使用這種方式傷害伴侶的人想必心思敏捷，才能夠想出各種貶損對方的方式。這種行為不是為了打趣，而是直搗對方的弱點，施暴者得逞後會沾沾自喜。這種傷害一點都不好笑，是因為它本來就不是為了好笑。

這些看似玩笑的輕蔑評論，經常是攻擊伴侶的特質、智商或能力。如果伴侶說：「我不覺得好笑。」施暴者可能會滅低他這句話的重要性，憤怒地說：「因為你根本沒有幽默感！」「你就是開不起玩笑！」或是反過來指控對方：「你就是想吵架。」這些言詞本身也帶有暴力的性質。

由此可見，施暴者的反應完全缺乏善意。不幸的是，受害者通常看不清這一點。由於施暴者發怒，受害者會相信對方生氣是因為自己確實「誤會了」，或是認為自己不夠幽默（真的有受害者這麼認為）。受害者必須特別小心言語暴力的洗腦效果。

以下列出幾種施暴者常以開玩笑掩飾的貶損言詞：

你需要一個保母！

我的天啊！你真好逗樂。

我不該苛求，畢竟你是個女人。

你本來就沒腦，難怪會做這種事。

施暴者也可能會嚇受害者或讓受害者害怕，隨後又笑說只是在開玩笑。

5. 顧左右而言他

這種言語暴力能夠控制雙方之間的溝通。施暴者會拒絕溝通，表示哪些事情可以討論、哪些不能討論，或是不給予某些資訊。顧左右而言他的行為，能夠避免任何解決衝突的可能性。顧左右而言他的方式，可能是直接要求對方閉嘴，也可能是立刻轉換話題。

有些施暴者在顧左右而言他時，也會流露出控訴的意味。無論如何，這種行為的主要目的都是逃避討論、結束溝通或隱匿訊息。例子包括：

你只是想要吵贏！
你明明知道我的意思！
你自以為什麼都懂！
你明明就聽到了，還要我再說一次！
你說的話太過分了！
我覺得再講下去沒有意義，到此為止！
根本都是胡扯！
講那什麼屁話！
不要窮追猛打好嗎！
不要再說了！
對，只有你才是對的！
不要再囉嗦了！
有人問你嗎？
你哪來這種瘋狂／愚蠢／詭異／白癡的念頭啊？
誰問你的意見了？
不要再抱怨了！

有些施暴者在顧左右而言他時，也會配合轉移注意力的策略。譬如，在第六章所舉的例子中，受害者詢問那四萬元是怎麼花的，施暴者卻指責她、說些不相干的話，轉移她的注意，阻止她繼續追問。受害者通常不會發現原本的話題已經不是討論重點，因為他的注意力已經被轉移了。

為了讓受害者停止追問：「四萬美元花到哪裡去了？」施暴者可能會說出下列這些轉移注意力的句子：

不用擔心，一定有錢夠你花啦！
難道你要我一張張發票翻給你看嗎！
要待在這行就是要花錢，所以不要再來煩我了！
我沒時間跟你解釋公司怎麼用這筆錢！
除非你一年賺二十萬美金，否則不要囉嗦！
我之前就解釋過，我不想再說一次！
你跟我結婚全是為了錢！
難道我花每一毛錢都要跟你解釋嗎！
你要不要解釋一下你每一毛錢都花到哪裡去！

你老是想找架吵！
我受夠你的牢騷了！
如果你覺得這麼容易的話，那你要報稅就去報，我辭掉工作！
夠了，我不需要你在那裡吵！
說了你也不會懂！

當施暴者說這些話以轉移話題時，伴侶大多會回應：「我沒有在抱怨，我只是想問一下。」「我不知道你是指哪張發票。」在這個過程中，話題已經改變。施暴者說的話完全沒有回答對方提出的問題，更缺乏體諒。

6. 指責、怪罪

施暴者會指責伴侶做錯事、違背關係的基本共識，或將自己的怒氣、不滿或焦慮歸咎於對方。以下是一些案例：

受害者：不知道為什麼，我覺得你不願意跟我溝通。
施暴者（勃然大怒）：你大可不必這樣攻擊我！

在這段對話中，施暴者指控伴侶攻擊自己，藉此閃避親密感，也迴避了理解伴侶感受的可能性。

施暴者：我的扳手呢？
受害者：應該被孩子們放在後車廂。
施暴者（憤怒）：我有在問你嗎！
受害者：你幹嘛這麼生氣？
施暴者（大發雷霆）：你明知道我是在問我自己！

施暴者指責伴侶不該回應他說出口的問句，還把自己的怒火怪罪於他，說他明知自己不應該回答，卻還是回答了。

受害者：親愛的，我今天晚上累壞了。

施暴者：如果你不想跟我做，那你說，你都跟誰做？

施暴者不但不接受伴侶的說法，還懷疑他對自己不忠，將自己的不安推給伴侶承擔，這種說詞其實是要迫使伴侶屈服。

以下列出一些具有虐待、指責與怪罪意味的陳述，對多數受害者而言，這些話語格外傷人，因為他們只想讓伴侶知道，自己無意與他為敵。

你只是想證明自己是對的。
你就是故意想找架吵。
你硬要找麻煩。
你在攻擊我。
你就是不懂得適可而止。
我受夠你的攻擊／牢騷／抱怨了。

7. 批評撻伐

某些施暴者會嚴詞批評伴侶，如果伴侶反駁，施暴者會表示他只是為了對方好，但他其實只是無法接受對方而已。大部分的言語暴力都會以批判的語氣表達，例如「你太敏感了」這類否定伴侶感受的言詞，就帶有批判意味，帶有傷害意味的「玩笑話」也算。

以「你的問題就是……」「你的毛病在於……」為開頭的言論，大多是獨斷、批判、具有虐待性質的。多數以「你……」為開頭的言詞，也具有獨斷、批判與侮辱之意，例如：

你作弊。
你永遠都不滿足。
你很笨。
你開不起玩笑。
你有病。
你不懂得適可而止。
（你）真蠢。
（你）真笨。

不是對當事人所說的批判也屬於言語暴力，舉例如下：

他總是疑神疑鬼。
他什麼事情都做不好。
他從來沒辦法持之以恆。
他老是喋喋不休。
他什麼都搞不清楚。

若施暴者在他人面前批評伴侶的錯誤，甚至捏造謊言，讓伴侶在外人面前丟臉，這也是一種言語暴力，例如：

他不敢搭飛機。
他打掃家裡一向是眼不見為淨。
他每次買東西都忘了帶錢包。

在談話時，批評伴侶所說的特定言詞，也屬於言語暴力，例如：

寇拉與科特準備出發去滑雪。

寇拉滿心期待地說：「我等不及要開車過去了！」

科特冷冷地回道：「車又不是你開的，開車的人是我！」

朵拉走進房間，看到電視正在播廣告，於是問迪恩：「節目播完了嗎？」

迪恩莫名發怒地回答：「那不是節目！是季後賽！」

在以上兩個案例中，受害者均感到沮喪，回答：「我不是這個意思。」其實，施暴者明白她們的意思，只是因為自己處於現實一，必須批判伴侶，才能感受到支配權力。這類型的施暴者很可能會經常指責伴侶，說伴侶永遠都要證明自己是對的。

有的批評也會偽裝成協助或建議，例如：

……這樣不是更好？

如果你當初……結果就會更好。

當初這樣做會比較好。

如果我是你，我就不會那樣做。

下次你應該……
你當時應該要……
你看吧！

8. 說對方所做的事情沒什麼大不了

說對方所做的事情沒什麼大不了，意指施暴者表示受害者的言行舉止根本無關緊要。倘若施暴者以坦率而真誠的語氣說出這樣的話，可能很難察覺。如果受害者非常信任對方，他會敞開心胸，傾聽對方的評論，最後始終搞不明白，為何對方就是不能理解他、他的工作或他的興趣。這個種類的言語暴力可能很含蓄，因此受害者會極為憂鬱、沮喪，卻不確定原因。以下是愛倫和爾尼這段關係中發生的例子：

我花了好幾週，整理我和爾尼在家中堆了二十多年的文件及檔案。我先把文件大致分類，再一一歸檔，用不同顏色標示，例如商業、醫療、保險、私人……等等，最後整理出足足三個抽屜的文件，這是個耗時又疲累的工作。

過程中，我偶爾會跟爾尼提到整理的進度。幾個禮拜後，我終於完成了。我說：「爾尼，我整理好檔案了，這件事真是不簡單。」我打開抽屜，向他展示成果。他說：「哇！真是了不起。」他好像從未如此稱讚過我，我笑著說：「真的嗎？」可是他卻用詭異的語氣回答：「你有辦法把這些字寫在那麼一丁點大的標籤上，我覺得很了不起。」我說：「喔，爾尼，我是用打字的，這還不是最難的地方。」他嚴肅地看著我說：「我覺得就是。」

我覺得難過又沮喪，不懂為什麼跟他溝通這麼困難。為什麼我無法讓他理解我費了多少心思？我知道他也在標籤上打字過，所以不明白他怎麼會認為貼標籤比花好幾週分類檔案來得困難，何況標籤上的名稱很多都是縮寫，簡單得很。我覺得我就是沒辦法讓他理解我真實的感受。

這一次言語暴力，讓受害者比平常更加難受。施暴者認可受害者的付出，使受害者對施暴者的言語毫無防備。爾尼先是說他覺得愛倫很了不起，之後又把重點放在微不足道的細節上，拒絕認可愛倫所貢獻的努力或成果。

莉也敘述自己的經歷：

有一天，我在繪畫時做出了我嘗試很久的效果。晚餐時，我告訴路克我終於成功了，他非常諷刺地說：「嗯，白天有事做感覺很好吧。」我非常挫折。他似乎永遠無法理解畫畫對我有多重要，並不只是要在白天殺時間而已。

這種行為之所以令受害者感到困惑，是因為假如他並未辨識出言語暴力，就會相信是自己解釋得不夠，所以無法讓對方明白某些事的重要性。施暴者在輕視伴侶時會感到優越，伴侶的情緒卻始終像在坐雲霄飛車一樣。

9. 削弱

削弱受害者的行為，不只是讓受害者無法獲得情緒上的支持，也侵蝕他的自信與意志。會削弱受害者的施暴者，通常也會透過各種方式施加言語暴力，因此受害者的自尊與信心本來就低落，更容易受到傷害。以下所舉的言詞均屬於削弱的行為，會打擊受害者的興趣與熱情。

受害者：花好美呀！
施暴者（鄙夷的語氣）：花就是花啊。
受害者：我想看看還有沒有別的……
施暴者：這麼做有什麼意義？／何必呢？／我看不出來這樣做有什麼好處。／沒有人在乎。

直截了當的制止也是削弱的一種，像是：

誰問你？
沒人問你的意見。
什麼事你都要發表意見！
你不會懂的。
這超出你的理解範圍。
你辦不到的。
如果你無能為力，就閉嘴。
你怎麼會以為自己很聰明啊？

你在演給誰看啊？

破壞也是一種削弱的手段，請見以下朵拉及梅的案例：

我與致勃勃地跟迪恩說，我想到一個故事情節，想把它寫成小說。他聽完之後說：「老實說，我想不出有誰想看這種故事。」讓我熱情頓失。

某天，我冒出一個成立健康飲食社團的念頭，把這個想法告訴梅爾。隔天，他給我看一篇文章，說：「裡面好像都有講到你說的。」那篇文章把我想做的事情說成一時的風潮，還說熱衷飲食與維持健康的人都是狂熱分子。我覺得非常難受，也失去了實行計畫的動力。

第六章提過，愛倫的伴侶會在她念書時不斷問她好不好，讓她慢慢覺得自己真的有問題，甚至對讀書產生焦慮。多虧外人的幫助，她才認出焦慮的來源。這類削弱的行為，減低了受害者的決心與幸福感。

另一種削弱的形式是干擾或打斷，有些施暴者會刻意擾亂伴侶與他人的談話，譬如突然大笑、製造聲響，或者搶走伴侶要說的話、反駁他、否定他的說法。削弱行為會令受害者懷疑自己能力不足，如受訪者貝拉所說：

我說：「我要看完文件才能簽名。」伯特發怒說：「這有什麼難的？」

伯特暗示的是：「我幫你考慮就好，這種事對你來說太複雜了。」

10. 威嚇

威嚇是利用受害者心中最深沉的恐懼，藉此操縱他，通常會跟剝奪某個事物或施加暴力有關。例子包括：

照我的意思做，否則我就離開你。

照我的意思做，否則我就另結新歡。

照我的意思做，否則我就跟你離婚。

照我的意思做，否則我就會發飆。
照我的意思做，否則我就打你。
如果你……，我就……。

11. 辱罵

辱罵是言語暴力最外顯的種類之一。任何具有貶損意涵的綽號或稱呼，都是一種言語暴力。當然，像「甜心」這類表現愛意的稱呼不算在內，除非對方的口吻帶有諷刺意味。

12. 遺忘

這類型的言語暴力也跟否認與暗中操縱的手段有關。施暴者會宣稱發生過的事情沒有發生，這句話就屬於一種言語暴力。雖然每個人難免都會有遺忘事情的時候，但若一個人總是忘記對他人產生重大影響的話語，就是一種虐待性的否認行為。

通常，受害者遭伴侶謾罵或貶損後，可能會重振心情，試著與伴侶溝通。然而，施暴者會很方便地「忘記」那個事件，搬出「我不知道你在說什麼，我不想聽」之類的說詞來搪塞受害者。

有些施暴者會持續遺忘自己對伴侶許下的重大承諾，受害者往往真心相信對方的保證，把這個諾言當作度日的力量，但對方會「忘了」他們有過這個協議。常見的推託之詞包括：「我不知道你是從哪裡聽來的。」「我從來沒那樣說過。」

13. 命令

對伴侶呼來喚去，表示不承認伴侶與自己處於平等地位，也不承認伴侶的自主權。當施暴者並非以尊重的語氣提出要求，反而用命令的方式時，等於是將對方當成自己的一部分，必須隨時滿足自己的願望。常見的說詞包括：

把這個東西扔了。

過來，把這裡清乾淨。
你現在不准出門。
把這個東西拿走。
你不能穿成那樣。
這件事沒有商量的餘地。
閉嘴。
現在就做。

14. 否認

每個種類的言語暴力均會導致嚴重後果，其中最危險的一種是否認，因為它否定了受害者的現實。

施暴者可能會頻繁施加各種言語暴力，但這種人即便讀完本章所介紹的每個言語暴力類型，依然可能堅持自己從未做過傷害伴侶的行為，聲稱自己深愛伴侶，永遠不會傷害對方。這就是一種否認，範例包括：

我從來沒說過那種話。
你不要胡說八道。
我們從來沒討論過這件事。
你根本沒必要生氣。
你從哪聽來這件事？
你一定是瘋了。

如果受害者清楚認知到：

他確實說過這些話。
自己沒有編造任何事。
他們的確談過某件事。
自己因為某件事而難受。
自己的經歷千真萬確。
自己沒有發瘋。

就代表他擁有充分的自尊與知識，能夠辨識言語暴力。

15. 虐待性的憤怒

這個類型的傷害行為，將於第九章詳述。

第九章　虐待性的憤怒

我們的生活離不開支配他人……總之，人活在世上，最重要的是能夠恣意發怒，沒有別人能夠反擊。

——阿爾貝・卡繆（Albert Camus）

言語暴力的基礎、動力與使其延續的要素，就是憤怒。虐待性的憤怒是一種言語暴力。若要辨別虐待性的憤怒，受害者必須先清楚了解，無論自己的伴侶多麼苛刻、好指控、愛責怪，自己絕對沒有義務忍受對方的大吼、斥責、洩憤，甚至是怒視。這代表，既然他沒有任何承受暴力的責任，自然不需要替自己解釋、辯白。然而，他可以保護自己，這部分留待第十一章詳述。

受害者都知道，即使解釋了自己所說的話、所表達的意思或所做的行為，也無法得到一句像這樣的道歉：「喔，對不起，我不應該那樣罵你、對你大吼大叫。可以原諒我嗎？」受害者從過去的經驗，就能體認到這一點。不過，他們仍然盼望「這一次」對方能夠理解，這種盼望可能很難令受害者放棄。

此外，受害者也應該明白，自己「無論變成什麼樣子」，都無法阻止對方在自己身上發洩怒氣。無論講話多溫柔、多仔細聆聽、多支持對方，變得多風趣、多有學識、多幽默、多窈窕、多可愛或漂亮，全都於事無補。

施暴者的憤怒，源於個人權力的缺乏。他表達怒火的方式，不是透過暗地裡操縱對方，就是毫無預警的狂怒，指控、怪罪受害者才是罪魁禍首。他讓伴侶變成代罪羔羊，否認自己做出這些行為的根本原因，也讓自己與伴侶相信，是伴侶說的某些話、做的某件事，才導致暴力的發生。當施暴者遷怒於伴侶時，他發洩了因為缺乏個人權力而產生的潛在壓力。這令伴侶難受至極，他自己卻舒暢痛快。受害者會努力釐清對方發怒的原因，但這些努力只會付諸流水，因為對方會斷然否認自己發脾氣，或宣稱自己的舉動都怪受害者。假如施暴者承認自己發怒不是因為伴侶，他就必須坦然面對自己內心的真實感受。不過，在多數案例中，施暴者都不願意這麼做。

大部分的施暴者心中蓄積了大量壓力，每隔一段時間，就會出其不意地直接將怒氣發洩在伴侶身上。洩憤後，怒火再度累積，直到下一次爆發為止，周而復始，形成循環，一旦壓力宣洩完了，又再次積累。我將這種循環稱為**憤怒成癮循環**，而產生這種行為模式的施暴者，我稱之為**憤怒成癮者**。

然而，這個循環的週期並不固定，是無法預料的。施暴者不會每天早、晚或每周六晚上定時對伴侶發火，憤怒的強烈程度也隨情況而異。影響週期的因素包含：契機、工作／家庭的變動、施暴者的想法、施暴者當下的權力感，以及施暴者的恐懼、依賴感及無能感。如果他有喝酒的習慣，那麼喝酒也可能會有影響，不過與其說是酒精使他更生氣，倒不如說，酒精不過是讓他覺得更能盡情發怒罷了。

這種循環為施暴者帶來雙重獎勵，這些獎勵就像是成癮者的上癮物質。第一種獎勵是對伴侶盡情發火後，他將前一次暴怒後所累積的壓力一口氣傾洩而出，會產生一種快感。第二種獎勵，則是他重新宣示對伴侶的支配權力。無論受害者做什麼、改變成什麼樣子，都完全無法預防下一次的攻擊。

憤怒成癮者的伴侶會嘗試各種方法，來應付這些猝不及防的暴怒。由於施暴者會指控、怪罪伴侶，伴侶可能會信以為真，認為確實是自己不好。久而久之，他逐漸生活在時刻保持警戒的狀態而不自知。言語暴力不只是會影響受害者，也多少會影響家庭中的每個成員。受訪者梅向我表示，她的家庭就是遭遇這種狀況。她談到家庭時說：「兒子看到我哭泣，問我：『發生什麼事？』我告訴他：『你爸爸吼我。』他說：『媽，以後你接到爸的電話，都要做好隨時掛斷電話的準備。不要浪費時間去弄懂他在說什麼，一旦你發覺他開始生氣，就立刻掛斷，這樣你會比較好過。』」

施暴者的憤怒毫無來由、缺乏理性，與伴侶沒有任何關係，卻對伴侶影響深遠。施暴者的咆哮、狂怒或責罵，都令伴侶陷入痛苦與困惑，不知所措。這些言語攻擊擾亂了伴侶的身心平衡，重重打擊他的精神。即使傷人的言語跟受害者毫無關係，仍然會造成傷害，因為針對他人的敵意，無論是肢體或情緒上的，都會令人痛苦不堪。

有些受害者會試著忽視伴侶的怒火，告訴自己：「我很堅強，他沒有那個意思，我不會被他擊倒，我遲早會更了解他，或是他會知道有些話語令我很難受，或是學會在生氣之前先跟我溝通。」如果受害者真的採取這種立場，結果會是什麼？施暴者會反過來利用這些想法來傷害他。受害者必須費力掙扎，才能靠自己的力量忍受這一切，試圖理解伴侶的言語暴力，維持身心的平衡與平靜。他們的精神受到巨大創傷，也變得更加混亂，如受訪者安所說：「他是愛我的，他只是不喜歡我。」

如果受害者冷靜地忍受施暴者的行為，施暴者會感到挫敗。他期待受害者有所反應，他需要發洩壓力，需要獲得控制對方的支配感。假如他未能擊倒受害者，也看不出受害者有任何失去熱情的跡象，他會變本加厲。施暴者本身不一定是有意識地做出這種抉擇，他只是變得更加憤怒、暴戾、更依賴支配權力。這正是言語暴力會隨時間加劇的原因之一。隨著受害者逐漸適應，努力忽視施暴者的行為，期望對方停止傷害，祈禱自己不要無意間激怒對方，盼望能夠搞清楚自己「做錯什麼」或為何「感覺不對勁」……施暴者的暴力程度卻會越趨嚴重，或是頻率越來越高。

言語暴力會愈趨嚴重的另一個原因是，憤怒成癮者獲得的「快感」無法改善任何事情。施暴者依然缺乏個人權力的概念，對於支配權力的需求也依舊存在。長期下來，壓力持續累積，施暴者的敵意和憤怒也越強烈。

在伴侶憑藉自身力量試著忽視暴怒行為、理解這段關係的狀況、期盼情況好轉的同時，施暴者會增強言語暴力的程度。倘若伴侶表示他發飆令自己很難受，他通常會大發雷霆，嚴正否認，指責對方小題大作。

憤怒成癮者不願道歉有幾個原因，其中之一是假若他誠懇道歉，也意味著他無法獲得快感。快感（壓力的爆發與宣洩）是憤怒成癮者維持自身平衡的方式，也能賦予他擁有支配權力的感受。只要他持續拒絕為自己的憤怒負責，指控對方才是肇因，他就可以繼續保持平衡，將快感建築在伴侶身上。

一般而言，施暴者與憤怒成癮者的伴侶一旦發現對方為了自己所受的傷而快樂，總是感到震驚。寇拉的經歷恰恰體現了這種情況：

我跟柯特說，早上吵架讓我一整天心情都很差（他突然對我發脾氣，我試著和他溝通，可是他頭也不回地出門上班去了）。他問：「吵架？你在說什麼？」我說，早上他為了我煎蛋的方式吼我。我問他：「今天早上的事不會讓你很不好受嗎？」他卻回答：「你瘋啦？我覺得很好啊。你是沒事找架吵嗎？」我只能回他：「我沒有。」

憤怒成癮者普遍抱持著一種態度：「既然我覺得沒事，我怎麼可能做錯什麼？」再來看看貝拉的遭遇：

伯特同意和我一起接受婚姻諮商。過程中，我對諮商師說，他吼我的時候，我很受傷、很害怕。那次諮商結束，他又吼我，指責我攻擊他、暗算他。我非常混亂，不明白他是什麼意思，也不明白他怎麼會認為我在攻擊他。

施暴者發飆時往往帶有指責的意味，通常會令伴侶納悶自己究竟「說錯什麼」。憤怒成癮者的伴侶經常百思不得其解，不斷探究自己做了哪些事、說了哪些話激怒對方。如果施暴者將怒氣一股腦發洩在伴侶身上，又把這種行為怪罪於伴侶；如果兩人的共同朋友告訴受害者，他擁有這麼好的伴侶真是幸運；如果施暴者總是在私底下才施加言語暴力；如果受害者的原生家庭並未提供良好親密關係的典範……那麼，受害者很可能無法察覺自己正受到言語暴力，因此會繼續合理化伴侶的行為。

虐待性的憤怒會削弱受害者的性慾望。這時，施暴者會指控受害者不在乎他、不愛他，導致受害者誤以為是自己有問題。

儘管施暴者毫無來由的怒火和敵意跟伴侶完全無關，伴侶卻深受其害。即使伴侶並未發現對方懷有敵意，即使伴侶認為錯在自己（只是他還沒找出為什麼），精神上也會遭受極大折磨。

虐待性憤怒剛開始的表現可能會是不耐煩的斥責，而後逐漸演變為狂怒，強度和頻率可能是非常緩慢地逐年遞增，但也有可能在這段關係的頭一年或幾個月內便急遽惡化。兩名我訪問過的受害者，便曾描述伴侶在婚後行為驟變。

雖然虐待性憤怒往往有指控與怪罪意味，但受害者並沒有激怒伴侶，也絕沒有在有意無意間唱反調。相反地，我在訪問現任與前任受害者時，發現他們用盡各種方法，試著以尊重對方的方式清楚表達意思，卻常常感到溝通失敗。

虐待性憤怒沒有固定使用的說詞，若你好奇虐待性憤怒是什麼樣子，可以翻閱上一章，試著用盡可能憤怒的口吻，說出上一章列舉的每一種措詞，你也可以咬牙切齒地說。你的口吻越氣憤，就越能呈現這些言語對於受害者的影響。

虐待性憤怒的徵兆包括：施暴者甚少流露溫情，也可能對伴侶或他人施加言語暴力、發怒、輕視、爭辯、發脾氣、大吼大叫、狂怒、宣洩與譏諷。只要出現其中一種行為，都有可能是伴侶脾氣暴烈的跡象。一如臨床社工師羅伯特・布朗里奇（Robert Brownbridge）指出：「譏諷只不過是憤怒的冰山一角。」

虐待性憤怒的肢體徵兆，包括所有跟憤怒有關的肢體動作，例如咬牙切齒、揮動拳頭等等。當然，任何肢體暴力或毀損他人物品的行為，也是虐待性憤怒的表現。

有些施暴者不會公然表現憤怒，而是以更加隱晦的方式暗中施加暴力。這種施暴者也是充滿憤怒、具有敵意的，但他們不會用憤怒成癮的模式來表達怒氣，而是傾向於長期、漸進地控制伴侶。

另一方面，憤怒成癮者非常容易發怒或被惹惱。受害者大多不明白，容易煩躁的人其實正是容易發怒的人，反而相信伴侶只是對某些事情比較敏感，只不過自己不知道究竟是哪些事。其實，憤怒成癮者會「重組」對方所說的話，把那些話當成自己發怒的「原因」。這種憤怒本身是不理性的，受訪者梅對此深有體會：

> 起初，我以為是自己無意間激怒他，後來我才明白，他的怒火沒有原因。他的不理性令我非常恐懼。

第十章　溫水煮青蛙

有位科學家做了一個實驗。她把一隻青蛙放進裝滿滾燙熱水的鍋子，青蛙立刻跳了出來。接著，她拿一個鍋子裝入冷水，把另一隻青蛙放進去，青蛙沒有跳出鍋子。之後，科學家打開爐火，慢慢增加水溫。青蛙逐漸適應水溫，最後在煮沸的滾水中燙死。

——佚名

適應是制約的一部分，換句話說，隨著周遭環境轉變，我們可能會像上述故事中的第二隻青蛙，逐漸適應。我們較不容易察覺漸進的變化，因此多數受害者也會逐漸適應言語暴力，生活在一個逐步摧殘自己的環境當中。

回到開頭的故事，第一隻青蛙立刻跳出熱水，是因為牠發現滾燙的熱水與本來舒適的環境差別太大，牠有能力分辨箇中差異。假如牠明知這個環境對自己有害，卻留在熱水中，代表牠「否定」自己的經驗，或是行為不正常。

一個人的性格與認知，會受原生家庭、社會文化及感情關係而潛移默化，沒有人能夠完全擺脫制約。因此，我們會適應環境，而我們所受的制約也會影響我們解讀經驗的方式。

已經有許多著作論述文化制約與社會上的不平等，因此本章並不贅述，僅探討導致受害者未能察覺暴力的主要因素。

首先，伴侶會相信施暴者是理性的。這種制約始於童年時期，大家都聽過長輩說：「沒什麼好哭的。」但就算小孩吵著要吃糖，家長也可以這樣安撫他：「我知道你想吃糖，但我不能給你。」如此一來，孩子就能學習面對自己因為不能吃糖而難過的情緒，而不是相信「沒什麼好哭的」這種說法是理性、真實、合理的。

受害者從小就受到制約，習慣不相信自己的感受，也因此無法認清言語暴力行為是不理性的。**所有言語暴力都是不理性的**。在戰爭時期，既然打仗的行為不一定出自理性，施加言語暴力的行為某種程度上可能是合理的；然而，在交往關係中，言語暴力絕對是不合理的，施暴者的行為完全缺乏理性。

受害者相信施暴者是理性的，這種信念源於許多複雜的因素，受害者會保有這種信念也有許多原因，其中包含童年時期的影響。

如果施暴者否認暴力的事實，聲稱傷害行為從未發生，或者自己是被伴侶的行為舉止給激怒，受害者也許會將他的說詞合理化，相信對方的舉止合乎邏輯，認為對方發脾氣、說自己所做的事不重要、宣稱自己刻意挑起爭端，一定都是有原因的。

這種認為對方的行為舉止合乎邏輯的信念，正是受害者產生混亂的主因之一。施暴者也許上一刻還替受害者開門，下一刻就對他破口大罵。如此迅速從理性轉為不理性的行為，不僅會加深受害者的困惑，搞不好還使他更努力合理化施暴者的行為！

除了童年經驗和自身文化之外，施暴者日復一日的言語暴力行為也會制約受害者。因此，受害者不但無法認知傷害行為，也可能終生都不會自問：「我是否正遭受言語暴力？」身邊的親友更不會詢問：「你是否正遭受言語暴力？」許多人並不了解何謂言語暴力。通常，這對受害者而言，是從未聽過的全新概念。若某件事物未經命名，也無他人見證，當事人很可能認為那不是真的。

施暴者會嚴重削弱受害者的自我認知。如果施暴者日益頻繁地指控受害者蠻不講理、脆弱敏感、總是想吵架、喜歡比較或堅持己見等等，受害者會越來越習慣受到辱罵，也越來越容易懷疑自己。這種制約近似於洗腦，除了受害者本身外，還會擴及他的家人、興趣與夢想。請見受害者莉的敘述：

路克經常藉由各種含蓄的方式，暗示說我的家人很怪。慢慢地，我開始認為他才是處於真實世界，我跟我的家人已經與現實脫節了，我變得很混亂。其實，在我眼中，我的親人德高望重，對社會貢獻良多，然而，我還是覺得我的家庭似乎哪裡出了問題，彷彿路克的家庭比較健全。現在，我才看清，他說的全是假的。這就像洗腦一樣。

對於洗腦或心理脅迫，《被操縱的心靈》（*The Manipulated Mind*）一書作者丹妮絲．溫恩（Denise Winn）表示：「造成這種狀況的社會、心理因素，每一種都具有強大的影響力。」她說，洗腦的受害者都有一些共同經歷，有些是「受害者不再對事情感到確定……他們的行為受到獎勵或其他方式所制約……對方誘導他們相信家人都不在乎自己的遭遇……感到情況失控、無能為力……受到公開羞辱，削弱了他們的自尊……由於需要對方的友誼與認可，他們被迫順從……產生焦慮、罪惡感、恐懼與不安，令他們更容易接受對方的暗示……對方的行為難以預料，擾亂了他們的期望與假設。他們沒有一個『常態』可適應，感到愈發徬徨無力。」

溫恩並引述羅伯特．利夫頓（Robert Lifton）的研究：「利夫頓指出，意識形態的獨裁有一些典型的特點，在他看來，為了確保每個人都接受這種意識形態，這些特點是必要的。」值得注意的是，第一個特色就是「控制所有形式的溝通」。

在一段關係中，施暴者可藉由否認虐待事實、拒絕討論伴侶所受的痛苦與壓力，來操縱雙方之間的所有溝通。如受害者梅所說：

他有個隱密的目的：試著控制你。如果你沒察覺這個秘密，就會落入無助的困境。

所有文化背景下，每一代都會流傳所謂的智者之言與傳統，這些是文化遺產的一部分。不幸的是，在這個過程中，不良習俗與半真半假的道理也流傳後世，許多更成為人們習以為常的陳腔濫調，受害者再依據這些觀念來解讀自身經歷。以下列出一些常見的觀念，以及這些話向受害者傳達了什麼意涵。

不良習俗與半真半假的道理

「一個巴掌拍不響。」如果受害者相信這種說法，會認為自己必須為不愉快的事件負一部分責任。

「愛能克服一切。」這令受害者誤以為，只要自己更關心、更體諒伴侶，對方就會回報同樣的愛意。

「你可以度過這個難關。」如果受害者相信這種說法，會以為只要自己更堅強，就能熬過痛苦。

「你應該慶幸自己還有個遮風避雨的地方。」如果受害者相信這種說法，會認為自己期望太高，應該滿足於現狀。

「如果你說不出好話，就乾脆閉嘴。」如果受害者認為這種說法合理，會認為要是把伴侶的行為告訴別人，就是不忠、刻薄或批判的行為。

「女人應該比男人多付出。」假使女性受害者相信這個說法，會認為自己應該付出更多努力來理解伴侶，並且分享自己的想法，好讓對方更了解她。

「你對別人好，別人就會對你好。」如果受害者相信這種說法，可能會認為伴侶對自己大吼，是因為伴侶覺得自己對他不好，自己只要向他解釋清楚就好。

「事情不要只看表面。」受害者可能會認為，只要他不把大吼大叫當回事，就不會這麼難受了。

「對他敞開心胸，他也會坦誠以對。」如果受害者相信這種說法，會覺得只要與伴侶分享自己的想法，對方一定也會如此回應。

「只要有心，鐵杵總會磨成繡花針。」如此一來，受害者會繼續嘗試，相信總能找到一個方法，與伴侶相互理解。

「永遠不要放棄。」如果受害者相信這種說法，會認為一旦停止努力了解對方，意味著自己的失敗。

「會叫的狗不咬人。」如果受害者相信這種說法，會以為不應該在意對方的話。

「人不能抱太高的期望。」受害者會降低自己的期望。

「人有時會有口無心。」受害者可能會認為，不管伴侶所說的話令自己多難受，既然對方並無此意，他就不應該傷心。

「保持微笑。」受害者可能相信，只要保持樂觀，就能找到了解伴侶的方法。

「他只是不知道這樣會傷到你。」受害者會相信，只要讓伴侶明白自己為什麼受傷，他就會更了解自己，並停止傷害自己。

「熬過這段時間就好了。」如果受害者相信這種說詞，會認為只要忍耐一陣子，施暴者的心情很快就會好轉。

「棍棒與石頭會打斷人的骨頭，但言語無法傷害你。」如果受害者相信這種說法，會認為無論對方說什麼，自己都不應該感到難受。

「你應該接納別人本來的樣貌。」倘若受害者相信這樣的話，就會認為自己該接受與合理化對方的行為。

「不要論斷別人，免得你也遭別人評判。」如此一來，受害者可能無法辨別可接受的行為與不可接受的行為，認為批判伴侶是錯的。

「現實是由自己親手創造的。」受害者可能會以為自己做錯了什麼，才導致關係產生問題或是讓自己有了不好的感受。

「生活本來就不容易。」受害者可能會相信關係中存在問題是稀鬆平常的事，比自己情況更糟的大有人在。

「不論是好是壞，你都該全盤接受。」如果受害者相信這種說法，可能會認為壞事總會過去，關係總會有好轉的一天。

受害者的樣貌

在我訪談過的人之中，有些正處於虐待關係，有些則已離開具有言語暴力傾向的伴侶。身為現任或前任的言語暴力受害者，他們都曾經是：

- 沮喪絕望
- 負責任
- 抱持希望
- 體諒寬容
- 富有同情心
- 天真單純
- 懷抱信任
- 樂觀豁達
- 渴望理解
- 包容隱忍
- 困惑混亂

第十一章 認識言語暴力，尋求改變

無知不是好事，寧願被蒙在鼓裡更糟。

——奈及利亞諺語

當受害者開始懷疑感情關係出了問題，通常會向諮商師或閨密描述自己與伴侶的互動情形，並問對方：「這樣正常嗎？」

如果受害者不是問「伴侶的行為正不正常」，那麼可能會問朋友是否有過相同遭遇。這個釐清現實的階段，是受害者從懷疑自己轉向懷疑伴侶的第一步。在這個階段，他們開始疑惑，是不是每個人的感情關係都會發生這類痛苦的事件，但他們仍不了解，在健康的交往關係中，一方不會怒吼、輕視或傷害另一方，假如真的發生了任何人身攻擊的行為，通常沒有前例，也不是正常狀況，做出這種行為的一方會努力加以彌補。

當受害者逐漸意識到言語暴力，也代表他逐漸從「伴侶與自己同處一個現實」的幻想中覺醒。一旦認清在伴侶身處的現實中，支配權力取代了個人權力，他可能會難以理解伴侶的動機。他很難相信，對方這樣對待自己，是為了支配、控制自己，而不是因為自己哪裡做錯了，也不是因為自己的認知、感覺、想法、行為或能力有問題。

一旦受害者發現自己與伴侶生活在不同的現實中，便會意識到自己受到了言語暴力。由於受害者自身的權力是來自共同依存和創造，這個事實會讓他驚駭不已。若施暴者擁有一定的社經地位，看似有權有勢，更是會令受害者不敢置信。

儘管這個事實往往帶給受害者萬分驚訝與傷痛，但卻是極其必要的，否則他們可能會繼續度過多年飽受言語折磨的日子，癡癡期盼伴侶總有一天能了解自己的感受，不再傷害自己。

但是，萬一受害者無法佐證自己的現實、認清伴侶的現實，情況又會如何？如果他無法認清伴侶的現實，就會自動把伴侶的行為套入自己身處的現實中。以下列舉一起言語暴力事件，恰好能印證這個狀況，我將描述受害者與施暴者的觀點，並分析兩種現實的差別。這起事件中的雙方想法，在言語虐待關係中頗為常見，一方往往擔任迫害者，另一方則是受害者。我將這場互動稱為「蝦沙拉事件」，你是否曾在伴侶關係中經歷「蝦沙拉事件」？

午餐時間，施暴者走進廚房，問道：「有東西可吃嗎？」

「冰箱裡有蝦沙拉。」受害者回答。

施暴者怒吼：「你怎麼會覺得我想吃沙拉！」

受害者一陣錯愕，由於對方如此憤怒，還指責他不該認定對方在想什麼，於是回答：「你幹嘛生氣？我沒有這樣說啊。」

「不用再說了，反正你每次都最有理！」

雙方處於兩種不同的現實之中。施暴者勃然大怒，是因為伴侶反駁：「你幹嘛生氣？」受害者則以為，他生氣純粹是因為自己提到沙拉的說法不對。受害者認為對方是愛他的，只是對方誤以為自己硬把沙拉塞給他，是對方不明白其實自己也願意吃沙拉。受害者心想：「或許把話說清楚，他就會知道，我沒有硬要他吃沙拉的意思。」（他以為對方也處於相互依存的現實中。）

於是，他會接著解釋：「我想讓你知道，我的意思其實是……」

受害者所指的自然是「冰箱裡有蝦沙拉」這句話，但施暴者打斷他，是因為他說了：「你幹嘛生氣？」由於施暴者不願承認自己不理性的憤怒，因此對他而言，任何回應都充滿敵意。他認定受害者與自己同樣處於支配權力的現實，心想：「啊哈！你在質疑我，想讓我難看，你只想吵贏！」

因此，受害者與對方和解的企圖（「我想讓你知道，我的意思其實是……」）就這麼遭到終止。施暴者一副怒火中燒的模樣，用憤怒、受不了的語氣說：「如果你要繼續吵個沒完沒了，我就到外面吃。」

施暴者否認自己會施加言語暴力的事實，也因此杜絕了與伴侶相互理解的機會。他越生氣，受害者就會越努力思索，自己說「冰箱裡有沙拉」為什麼會讓對方覺得這是要強迫他吃。其實，施暴者發火根本與沙拉無關，而是因為他想理直氣壯地發洩怒氣。當伴侶問：「你幹嘛生氣？」他感覺自己的「理直氣壯」受到了威脅，可能會失去控制對方的支配權力。

言語虐待關係中最慘的情況，莫過於受害者試著和好、相互理解及建立親密感，卻遭到施暴者毫不留情地拒絕，因為他認為這些意圖來者不善。這是因為，如果他感覺不到對伴侶的支配權力，就會認定伴侶企圖支配自己。在施暴者的現實中，相互依存的關係並不存在。

以下列舉更多例子，希望能幫助大家了解，受害者是如何下意識地認定施暴者和自己身處同樣的現實。

若是施暴者宣稱受害者做的事無關緊要，受害者可能會以為，對方實際上還是支持自己的，只不過是不了解這份工作對自己的意義才這麼說，只要他能夠理解，就不會再說這樣的話了。在這個過程中，受害者將他所聽到的話，套進了「伴侶與自己身處同一現實」的信念，誤以為對方支持自己。有趣的是，常常這樣輕視伴侶的施暴者，也經常向他人吹噓自己的伴侶，就像吹噓一件所有物一樣。

即使受害者的所有看法都遭到反對，他依然可能堅信，對方其實很尊重自己的想法，只是與自己看法相左，因此不能認同他的想法，但其實對方是尊重自己的。這種情況下，受害者會努力將對方的言語合理化，納入自身的共同依存現實中。

當受害者遭到對方大吼大叫，受害者會以為是自己的言行傷到了對方，也可能相信對方確實想要了解他真正的意思，只要對方知道自己是愛他的，就不會感到受傷了。受害者從自身的同理心出發，解讀對方的話語。

如果施暴者宣稱聽不懂受害者在說什麼，受害者會認為，對方是真的想要理解自己的話語，所以一定要更努力、更清楚地解釋。他相信，對方也努力想要了解他，並且與自己一樣處於相互扶持、成長的現實中。

當施暴者表示受害者不應該有這種感覺時，受害者會認為，既然對方是關心自己的，那一定是自己聽錯了，或是自己的感受的確是錯的。假如受害者將對方的回應套進自己的現實中，就會認定對方之所以說自己的感覺錯了，想必只有這個原因。

要是施暴者將受害者的言詞斷章取義、大肆批評，受害者可能會將這個批評套進自己的現實裡，認為對方是為無法理解自己而發怒，因此自己應該把話說得更清楚一點，或是學著站在對方的角度看待事情。

若是施暴者拒絕回應或溝通，受害者可能會以為其實他是有意溝通的，畢竟這是伴侶關係中寶貴的一環，只是對方生性害羞或孤僻。

倘若施暴者聲稱不記得之前的談話，受害者卻很肯定對方一定會記得，因為那段對話太令人難受了，那麼受害者可能會為了套入相互依存的現實，而做出一個可怕的結論：伴侶有人格分裂。也就是說，伴侶有時與自己處於同一個現實，有時卻處於另一個狀態，變得充滿敵意，可是他不記得這個狀態了。有位受害者好幾個月來一直懷疑伴侶「人格分裂」，後來終於向諮商師坦白說出懷疑，她描述伴侶彷彿產生了擁有自我意志的聲音，那個聲音不管說什麼，伴侶都不會記得。假使受害者相信對方與自己處於同一個現實，那麼相較於承認對方施加暴力，認定對方瘋了更簡單。

受害者將伴侶的言語暴力行為套入相互依存的現實，原因之一是他像許多人一樣受到制約，看待事情時總是會尋找立即的因果關係。舉例來說，他可能會認為，「如果伴侶對我發脾氣，那麼我一定是他發怒的原因。」然而，人的心理機制並非如此運作。今天發生的事件，也許是起因於多年前的另一件事，甚至可以追溯至襁褓或童年時期，言語暴力的行為更是如此。另一方面，假設伴侶不具虐待傾向，而是真的因為某件事而生氣，他照理來說會跟心理正常的人一樣，與伴侶溝通問題。例如，他可能會說：「我看到你在派對上和喬說話，你好像寧願跟他聊天，也不願意跟我相處，讓我覺得有點孤單和吃醋。我想知道你對他的看法是什麼，還有你以後在派對上可不可以多陪我。」就算他不確定自己的感受，不明白自己是在吃醋，至少他會知道自己不開心，需要與伴侶溝通這個問題。

認清施暴者生活的現實，有助於受害者辨識言語暴力。當他不再從立即的因果關係來解讀伴侶的行為，他也許就能明白：「喔，他吼我是因為想要控制我或威脅我，並不是因為我說了什麼話或做了什麼事。」或是：「他故意那樣說來打擊我，好讓自己有優越感。我不會接受這種傷害行為。」

受害者無法認清伴侶的現實，從而無法辨認言語暴力的存在，還有另一種可能性。受害者認為，伴侶也生活在共同依存的狀態中（現實二），以為對方會努力了解他。因此，他可能會覺得問題在於自己不擅於解釋，或是無法讓對方知道自己真正的意思，否則對方就不會發怒了。他並未看清對方的行為並不尊重他，他辨別問題的能力也受到損害。所謂的辨別，意味著要「看見差異」，一旦受害者看見雙方現實之間的差異，就能夠辨別真正的問題。

許多受害者會問：「我怎麼知道，他生氣不是因為我無意中說了什麼話，或是做了什麼事？」其實，這個問題顯示受害者尚未具有現實二所需的自尊。擁有高度自尊的人不會有這種疑問，因為他們知道，伴侶怒吼或怒罵自己的行為並不正當。

許多人與伴侶共同生活許多年後，才發現彼此不是生活在同一個現實中。即使知道問題不在於自己，而且傷害是不理性的，也不一定能減輕痛苦。相反地，受害者不僅會感到痛苦，也會因為了解這些行為並不理性，因而產生恐懼。人天生就害怕不理性，因為暴力與傷害行為都是非理性的，施暴者也會蠻不講理地一概否認或合理化這些行為。辨認言語暴力非常重要，原因之一正在於它預示了肢體暴力的可能性。

伴侶雙方在關係中的基本權利

撇除認識言語暴力的類型，以及辨認施暴者所處的現實，了解雙方有哪些基本權利受到了言語暴力的侵害也很重要。部分權利列舉如下：

- 接收善意。

- 獲得情緒上的支持。
- 得到對方的傾聽與禮貌回應。
- 即使對方不同意，也可以表達自己的看法。
- 感受與經驗受到對方所承認。
- 若對方開的玩笑令你感覺不舒服，可以要求誠懇的道歉。
- 對於跟自身有關的事情，可以要求清楚、資訊充分的答案。
- 不遭受指控與責備。
- 不受到批評與論斷。
- 自己的工作與興趣受到尊重。
- 得到鼓勵。
- 不受情緒與肢體上的脅迫。
- 不接受暴怒與洩憤。
- 不遭受貶抑的辱罵。
- 對方提出要求時必須抱持尊重態度，而非蠻橫的命令。

一段關係中，雙方必須感到安心且受到尊重。我相信，只要關係存在著尊重與善意，其他問題都能迎刃而解。然而，在言語暴力及施暴者需要支配權力的問題解決之前，一段關係就很難有進展。換句話說，假如沒有言語暴力，雙方就能夠坦誠相對，分享彼此的希望、恐懼、慾望、需求與期待。

我不認為兩個處於不同現實的人可以發展關係，即便他們幻想彼此處於同一個現實也是如此。當受害者認清了對方的現實，施暴者也必須意識到自己的現實與行為，並且接受自己缺乏個人權力的事實。然而，倘若你發現自己與伴侶生活在不同現實中，他有言語暴力的行為，而且你察覺他這麼做是源於內心的無能感，那麼對他說明這一切可能不是明智的做法。這麼做反而會讓你遭受更頻繁的傷害，因為對方會將你的「解釋」當成防衛，而你會陷入他的現實，遭受更殘暴的攻擊。

看到這裡，你可能會絕望地問：「那我到底該怎麼辦？」有幾件事是你可以做的。你可以採取一些行動來保護自己，判斷對方是否願意也能夠改變、是否想要改變、你們是否可能建立互相理解的親密關係。如果你們剛交往不久，你可能會選擇立刻分手。然而，假如你沒有工作、有小孩需要扶養、感到恐懼或缺乏自信，可能會需要一些時間，才能決定該怎麼做。同時，你也可以評估自己可以接受伴侶的哪些行為，又絕對不能接受哪些行為，並將你的原則告訴他。做決定時，你必須依據自己的感覺與判斷力，你先前可能受到言語暴力的制約，而懷疑、害怕這些感受與判斷。

你要按照自己的步調來進行這些步驟。大多數時候，尋求專業心理諮商、互助團體與朋友的幫助非常有用。

如果你正處於言語虐待關係，有些問題是值得考量的。你可能需要評估什麼做法是有用的，什麼又是無效的，以及你跟伴侶的感情、經濟依賴程度。此外，你也需要認清，自己對於理解與親密的需求未能獲得滿足，自己有權要求對方以禮貌、尊重、尊嚴與同理心相待。

設定原則並要求改變非常艱難，即使你認清了自己的需求與權利，開始要求對方改變，也可能徒勞無功。雖然如此，尋求改變仍然十分重要，因為唯有這麼做，你才會知道，你是否可能與伴侶共同創造健全的關係。如果你的伴侶確實具有言語暴力傾向，當你表明原則、要求改變時，他可能會為了鞏固對你的控制權而變本加厲。

你可能花了一些時間，才辨識出言語暴力行為，認清伴侶的現實；你的伴侶同樣可能需要一些時間，才能認知你的現實，承認自己的行為。你要切記，並非每一個施暴者都會改變，畢竟他們沒有遭遇受害者承受的痛苦，他們不會像受害者一樣那麼有改善現狀的動力。你也應該要知道，除非施暴者願意放棄對現實的否認，否則就不會開始改變。為了改變自己、培養同理心、更理解伴侶、戒除言語暴力，他必須面對內心埋藏許久的無能感。

你不需要對伴侶的行為逆來順受。你可以透過親友的支持與專業諮詢，自行決定你需要什麼。你可以設定底限，要求伴侶改變。全盤認清關係中的問題及傷害行為對你產生哪些影響，是需要時間的，尤其是在傷害極為嚴重的情況下。

怎麼樣才算是嚴重？如果伴侶使用過各種類型的言語暴力，就代表你所受的傷害很嚴重。如果你的伴侶是憤怒成癮者，就代表你所受的傷害很嚴重。如果伴侶的言論總是帶給你出乎意料的痛苦，就代表你所受的傷害很嚴重。如果溝通之後，伴侶還是無法理解你的用意，問題也沒有解決，就代表你所受的傷害很嚴重。如果伴侶多年來已習慣用言語霸凌你，就代表你所受的傷害很嚴重。如我在序言中所說，傷害的嚴重程度取決於受害者的痛苦，虐待的程度取決於受害者的經驗與感受。

我發現，言語暴力會影響受害者的自我認知與自尊，而且當事人通常不自知。因此，你可能早已預料，辨識言語暴力的過程，也包含了從中復原的過程，復原的細節將於下一章討論。

如果你正遭受言語暴力，或懷疑自己面臨言語暴力，可以採取以下行動：

1. 尋求專業諮商的協助。找一個擅長處理言語暴力問題、能讓你信賴的心理諮商師。

2. 要求伴侶與你一同接受諮商。請堅定而明確地告訴伴侶，為了讓彼此的關係更美滿快樂，你需要他和你一起諮商。如果他不願意，或是這對你而言執行上有困難，就單獨接受諮商。在此之前，你應該要審慎選擇諮商師。諮商過程中，你將會獲得更多需要的協助。

3. 設立底限。設立底限，指的是向伴侶表明你能夠接受哪些行為、不能夠接受哪些行為，並且讓他知道你的決定。堅決劃清底限，在每次對方做出傷害行為時明確地指出來，也許能夠讓他意識到自己的言語暴力傾向。不過，他也可能忽視你說的話，持續施加言語暴力。

設定底限可能並不容易，因為你不知道伴侶有沒有能力、會不會、想不想要承認這些底限。你不確定他是會承諾遵守底限，還是會告訴你他愛說什麼就說什麼，你也不確定他只是有些不好的習慣，還是他真的對你有敵意。你必須認真看待宣示底限這件事，因為這個動作是要讓對方明白自己沒有惡意。威脅通常是不同形式的操縱，多半會是「要是你……我就……」的句型；設定底限則是在陳述一項事實：「我不會接受……」當你界定底限時，你是從內在的個人權力出發，定義哪些事對你的精神有害，哪些事能夠滋養你的精神。

但在設立底限之前，你需要先弄清楚自己的底限，換言之，你必須決定在這段關係中，你能接受什麼、拒絕接受什麼，這只有你自己能夠決定。此時，你需要高度的自尊。你一定能擁有高度的自尊，因為自尊是源於內在的核心精神。

當你擁有充分的自尊，也足夠信任自己，你就做好了設定底限的準備。設立底限很簡單，只要說：「我不會接受……」你可以決定在本書所列的十五種言語暴力中，要從哪一種行為開始。例如：「我不會接受任何削弱或打擊我的批評或『玩笑』。」

對於受害者而言，這麼做並不容易，因為他必須放棄所有慣用的解決問題與和解方式，他在與伴侶相處的痛苦經歷中不斷嘗試這些方法，包含解釋、嘗試理解、更努力想讓伴侶理解自己、釐清問題等等。

要訂定原則，除了擁有高自尊外，你還得相信自己、相信自我的感受與認知，這樣一來，當你又被吼時，你會很清楚：

就算對方認為自己理直氣壯，你也不會接受。
就算對方說自己在開玩笑，你也不會接受。
就算對方不了解，你也不會接受。
就算對方將錯歸咎於你，你也不會接受。
就算對方聲稱不知道你在說什麼，你也不會接受。
就算對方指控你強詞奪理，你也不會接受。

就算對方說你難搞，你也不會接受。

就算對方提出眾多藉口，你也不會接受（更不會接受對方的任何藉口）。

即使你犯了錯，也不能忍受虐待行為。就算你犯了一個小錯誤，你也知道自己絕對不能接受伴侶因為這樣就輕蔑你或大發雷霆。

有了現實二所需要的自尊，你明白伴侶無權對你恣意發怒，也明白自己**完全沒有理由承受任何言語帶來的傷害。**

4. 活在當下，不要沉溺過去或對未來抱著不切實際的期望。隨時覺察當下的狀態，認清伴侶施加於你的暴怒或鄙視。有了這樣的意識，你需要以嶄新的方式回應傷害行為。以前，你也許會告訴伴侶你感到困擾、難過或沮喪，說明哪些事令你難過，要求他不要怒罵你，或是請他在發火之前先跟你溝通。你也許已經發現，這些方式都無法阻止傷害繼續發生。

你的目的是指出伴侶的每一次傷害。一旦劃定底限，你可以在對方開始施加任何言語暴力時就立刻打斷，來強化你的底限。下一章將會針對各種類型的傷害，提出適當的回應方式。不過，無論你何時面臨言語暴力，一句堅決而強勢的「停止！」永遠是有效的。

強勢的反應可以讓伴侶清楚知道，你是認真的，而且你不會忍受任何傷害。你必須在伴侶表現出徵兆時，即刻做出反應。如果你被他所說的話給轉移注意力，只會變得混亂，如同前述「蝦沙拉事件」中的受害者。

記住，凡是類似「我的意思是……」這樣的回應，都會令施暴者以為他認知的現實是真的，意即你是他的敵人，而他可以展開攻擊，甚至是宣稱你在攻擊他。當然，他的行為並不正當，但是他會把你的每一句解釋，全部視為敵對與辯護的表現。

5. 你要明白，自己可以離開任何發生暴力的情境。接受我訪問的人之中，有四位曾經遭到伴侶毆打，大部分受害者則是經常遭到厲聲怒罵，也曾一度以為伴侶要施暴。大部分的人都說：「他從來沒打過我，但我一直很怕他生氣。」

記得準備足夠的金錢，以便隨時離家，出發去任何地方。你是個自由的人，不必待在令你不安或恐懼的地方。也要隨身攜帶手機，以防需要與朋友聯絡。假設你在外出用餐、參加派對或住旅館時受到言語暴力，而且直接要求伴侶停止也無效，或是留在原地會令你感到不舒服，請毅然決然地離開現場。這是你的權利，也是你對自己的責任。

你應該準備一套行李，如果你有車就放車上，沒車的話就放在一個安全、容易取得的地點，好讓自己在必要時能夠離開發生暴力的地方。假如你需要離開住所，請事先計畫落腳的地方和交通方式。

這些步驟可以幫助你重拾生活的自主權，減輕再次受到傷害的恐懼。

6. 勇於要求你希望在關係中看到的改變。若想建立親密感，伴侶雙方都必須有意願溝通、理解、做出適當回應及表達關心。

設定底限也是要求改變的方法之一。你可以邀請伴侶和你一起討論你希望的改變，例如：你需要多少獨處及相處的時間；協議每週固定撥一段時間，討論關係中現有的問題；一起計畫未來；如何共同管理財務。

你可能會遇到的困難

如果你的伴侶將傷害行為歸咎於你，你可能會有罪惡感、覺得錯在自己，或是認為與外人訴苦就是背叛伴侶，甚至會覺得，閱讀跟言語暴力有關的書籍說不定會損害你們之間的關係。假如你長期受到制約，認為遭遇的困難與痛苦都是自己的錯，就會出現這些想法。

你也可能受到制約，覺得自己不該設定底限、拒絕接受言語暴力。例如，對方說「你故意找麻煩」或「你總是沒事找架吵」，都是在制約你，讓你相信言語暴力是

「你的錯」，是你把情況變得更糟糕。

當你身處於言語虐待關係，縱使有破釜沉舟的決心去設立底限、正面迎戰伴侶的任何侵犯，依然可能面臨對方嚴正的否認。在這種情況，你要切記，施暴者會主觀定義伴侶和彼此的現實。他也會定義自己，認為自己的行為理所當然，沒有任何言語暴力傾向。因此，你必須全盤接納自己的認知與感受。當你認清自己與伴侶身處不同的現實，你就會看得更透徹、擁有更多自尊與自主權。

當你明白伴侶對你的指責與辱罵並不屬實，而是一種傷害行為，你會更容易了解對方是如何根據自己的現實來解讀你的行為。一個有助於你認清事實的方法是，在每次對方指控你時，心中把他的話改成「我知道我不是／我沒有……」，舉例如下：

我知道我沒有故意和他作對。
我知道我沒有老是找架吵。
我知道我沒有太敏感。
我知道我不難搞。
我知道我不自私。
我知道我並不武斷。

我知道我沒有攻擊他。

我知道我沒有總是要當對的一方。

我知道我不是／我沒有……〔套入各種施暴者不斷對你說的話，因為假如你的伴侶有言語暴力傾向，你就能肯定自己絕非他所說的那樣。〕

如果傷害行為大多在私底下發生，伴侶總是在事發後否認，可能會導致另一項難題。由於沒有人可以證實你的經歷，伴侶又經常誤導你，你可能會以為自己的看法錯了，甚至相信自己真的有問題，因為周遭沒有任何人會告訴你：「不！這是虐待！」或者，你可能會認為伴侶根本不知道這是暴力行為。

倘若你遇到這種情況，必須謹記，大部分的犯罪行為都是暗中發生，就像多數的言語暴力案例一樣。如同強暴犯是暗地裡犯罪，施暴者也知道自己在做什麼，但他不一定知道是什麼驅使他這麼做。施暴者很可能會激動否認，憤怒地宣稱伴侶誤解他，或是伴侶需為傷害負起責任。

假如施暴者持續否認，那麼他就很可能陷入了近乎永久的言語暴力心理狀態。當施暴者全盤否認，代表他根本不想改變，既不願意和你溝通，也對你保有敵意。如果要改變，他就必須打破否認的狀態，承認傷害行為，面對自己對控制與支配權力的強烈慾望。

可能遇到的另一個困難，是受害者痛苦地意識到，伴侶將自己當成主要的施暴對象，甚至經常是唯一一個對象。受害者會問：「為什麼他要這樣對我？」這種傷害行為在一段關係中頻繁發生的原因，是施暴者的心理狀態，我將在第十五章詳述。

如果受害者認清施暴者的現實，就有機會得到真正的成長與內心的平靜。他可以透過正面對抗與心理諮商，了解施暴者是否有心改變，同時尊重自己、接受自己，構築現實二所需的自尊，選擇更有益於精神發展的環境。

受害者貝拉表示：「這一切都是值得的，因為我得到了心靈的平靜。」

看清言語暴力是非常痛苦的，這是因為受害者失去了幻想，所以會為失去而悲傷。然而，痛苦會過去，讓受害者有自然復原的空間。這種過程帶來的痛苦不同於言語暴力，就如受害者安所說的：

我發現自己學會遺忘傷害與痛苦。讀了一些相關書籍後，我才知道自己開始出現受害者的特徵，這讓我非常震驚。

寇拉則總結了自己的經驗：

當你意識到你深愛的男人其實一直對你有敵意，你會感到心如刀割。

顯而易見地，言語暴力對一個人的精神造成深刻傷害。儘管如此，只要有足夠的理解、認識與行動，精神上的傷口便會逐漸痊癒。為此，我們必須明白：大部分的人都要先撐過痛苦與失落，內心才會得到自由，如果不付諸努力與行動，這些都只是空想。如同植物為了生長而尋求光源和滋養的環境，受害者也必須盡力求生。

最後，你要記住，伴侶不會因為你說的話或做的事而改變，對方必須自己願意為了這段關係而改變，光是對他解釋、表達你的感受或期望，是不會起作用的。你只能表明底限，提出改變的要求。

如果你確定伴侶生活在現實一，而且不願意或無法改變，就不要再寄望他會陪伴你、與你互相扶持、愛護你和接受你。你必須決定是否離開這段言語虐待關係，以及如何讓自身與內在精神得到最好的保護和滋養。

在我訪問的人之中，只有一名受害者選擇繼續留在言語虐待關係。她已屆六十三歲，相當風趣健談。部分訪談內容擷取如下：

「我先生會施加言語暴力。」

「你們結婚多久了？」

「四十二年。」

「你從哪時候開始意識到這個情況？」

「大概是結婚三十年之後。」

「你還是決定繼續和他一起生活？」

「是的，但我認為自己選了一條最艱難的路。」

第十二章　利用回應影響施暴者

我太習慣聽到那些話，過了一段時間，我就左耳進右耳出了。你能體會這種感覺嗎？

——某位受害者

針對第八章所介紹的各種言語暴力行為，本章提出一些明確的回應方式。每一種回應，都可以幫助你鞏固先前設立的底限。例如，假設你的底限是「不忍受對方暴怒或大吼」，鞏固底限的回應就是：「停止！」

如果你在伴侶關係中正遭受言語暴力，可能會希望立刻跳到說明回應的段落。然而，為了讓回應更有效，我建議先閱讀下一節，了解界限、成功的可能性、回應言語暴力的基本原則。你越了解為什麼某些回應方式有效，就越能鞏固底限。

設定底限，意即劃清界線，這條界線有助於維護你個人的完整性，也能讓你更加認識自己。不論伴侶的行為屬於哪一類言語暴力，都以某種方式侵犯了你的界線。假如你是受害者，就必須認清對方侵犯界線的事實，並加以回應。**透過適當的回應，能夠協助你強化底限，重新建立或確認自己的界線。**以下舉幾個例子，說明言語暴力如何侵犯受害者的界線。

如果伴侶完全忽略你的存在、視你為無物，就是侵犯你的界線，因為他不把你當成獨立的個體看，彷彿你與背景融為一體。這就是一種侵犯。通常，我們不會刻意思考自己的界線，但了解自身界線是有幫助的。事實上，侵犯界線也算是一種虐待行為。

第二個例子：如果伴侶辱罵你難聽的綽號，也是侵犯了你的底限。對方以自己的標準來定義你，而不是站在你的角度思考，宛若你賴以確立獨立性的界線並不存在，這同樣也是一種侵犯。

現在，請你想像一下伴侶命令你做某件事。你是否明白，為何命令也是侵犯界線的行為？當對方命令你時，並不把你當成獨立個體看待，沒有要跟你商量或是詢問你的意思，而是忽略你的界線，彷彿你是他的附屬品一般，不過是執行他的意志。這種行為嚴重侵犯了你的界線與人格。

此外，否認也是一種違反底限的行為。倘若伴侶否認或說你的經驗無關緊要，代表他正在侵犯你的界線，彷彿侵入了你的心智，宣稱你所經歷的一切只有他才是清楚的。通常，施暴者會宣稱伴侶的經歷只是幻想，他們會說：「你不知道自己在說什麼。」毫無疑問，如此駭人的行為也是一種侵犯。看完上述例子，你會發現，以能夠重建、鞏固原則的方式來回應言語暴力，極其重要。

言語暴力是一種侵犯，不是衝突。衝突與暴力存在明顯的差別。在衝突中，雙方有不同的需求或慾望，為了化解這個衝突，雙方會討論彼此的渴望、需求和原因，同時尋求兩全其美的方法。無論是否能想出解決方案，雙方都不會強迫、支配或控制彼此。但是，言語暴力的情況就截然不同了。以侵犯底限的角度而言，言語暴力是對一個人的入侵或忽視，不顧對方的底限，透過或隱蔽、或外顯的方式，來追求支配權力、優越感與控制權，有時甚至是毫不間斷地侵犯對方的界線。

如果你面臨言語暴力的處境，也希望加以回應，我會建議你先花個幾分鐘，評估自己與伴侶的關係，思考一下，這段關係改善的可能性多大？下列幾個問題，可以幫助你評估關係：

你的生活是否因為伴侶而變得豐富？

他是否帶給你快樂？

你和他之間是否感覺得到真實的情感連結？

你們是否有相似的思考方式、擁有相同的夢想？

他對你是否表現出善意？

在感情關係中，善意的表現是溫暖與誠實地對待彼此，關心對方的生活是否快樂幸福，有強烈的渴望去了解對方，並且發自內心展現互相理解與尊重的意圖。

雖然你也許遭遇了言語暴力，但假如伴侶展現善意，你對於上述問題也給出肯定的答案，表示對方有可能只是「一時糊塗做錯了」。若你強調自己的原則，他也許就會停止傷害你。

假如你與伴侶剛交往不久，對方出現言語暴力的跡象，最好趁早結束這段關係。一個渴望控制你或總是將怒氣歸咎於你的人，不太可能輕易改變，可能性微乎其微，在剛交往的關係中尤其如此，由於施暴者對這段關係尚未投入太多的時間與精力，因此一般不會有改變的動力。等新鮮感褪去，他的言語暴力行為有可能變得更嚴重。然而，假如他只是不加思索地做出過去學到的不當行為，來測試你的底限，一旦他發現你已經察覺也拒絕忍受，他有可能很快就會改變。

若你與伴侶已經穩定交往很長一段時間，承受了對方的言語暴力，但這段關係對你而言很重要，因此你決定依照本章建議的方式做出回應，那麼你很快便能判斷伴侶是否能停止言語暴力。過程中，你也會提升覺察能力與自尊。

本章建議的回應方式旨在發揮一定的效力，阻止施暴者的行為，並維護受害者的底限，防止傷害事件再度出現。這些方式可能會讓施暴者認清自己的行為，明白自己必須停止言語暴力。

若你身為言語暴力的受害者，也許早已發現，無論再怎麼解釋、再怎麼嘗試理解對方，都無法改善這段關係。因此，我會建議採取新的方式，在情緒上、心理上及理性上打動伴侶。

當對方發現，你確實意識到自己遭受言語暴力、你有底限、你說到做到也不會忍受任何侵犯行為，就算他仍然嘴硬地說：「你根本不知道自己在說什麼！」但是，他依然**有可能**會開始改變。

然而，假如你採取的行動沒有發揮作用，也不要自責。如果你的伴侶不會（或不能）改變，你可能要考慮結束這段關係。

首先，你可以參考以下幾個建議。告訴伴侶，你不會用平常的方式回應他。如果你開不了口當面說，不妨改用寫信的。另外，你也應該讓他知道：自己一直對他說的某些話感到不滿，希望能與他建立真正良好的關係，期待彼此能有效溝通，而你為改善關係所做的努力似乎並不有效。向他強調，你會明確表達自己在關係中的需求、不接受的行為、劃清底限，要是他跨越界線，你會立刻告訴他。最後，請他與你合作。

假如他不認為自己需要改變，那是因為他並未承受言語暴力。他可能會說「你不要製造事端」或「你就是故意要破壞我們的關係」，這時你應該回應：「不要再說了，不要再指控我。」

他也許會否認，或看似不明白自己會做出言語暴力行為；然而，你的回應仍有機會對他發揮效果。這些回應的目的是喚醒伴侶對自身行為的覺察能力，讓他知道這麼做並不適當，你不會忍受。有些施暴者若是面臨伴侶強烈的反應，會停止暴力行為：但其他施暴者則相當抗拒改變。

假使施暴者仍舊不改言語暴力傾向，這並非你的錯，也不是你的責任。藉由採取以上行動，你可以在言語暴力一發生時就清楚覺察，並且做出適當的回應。不過，做到這些並不容易。

如果施暴者的行為經常令你十分錯愕、措手不及、驚慌失措、過於痛苦或困惑，因此無法回應，甚至連「閉嘴」都說不出口，就表示你可能處於極有危害、極度不健康的關係中。此時，請尋求他人的支持與協助。假如你不知道向誰求助，可以根據十三章的建議，嘗試從言語虐待關係中復元。

若想做出有力的回應，除了了解自己的界線如何受到侵犯、何時受到侵犯，你也必須知道，伴侶會有言語暴力行為，可能代表他的情緒管理不成熟。有些受害者並不明白這一點，面對施暴者不理性的暴怒、大發脾氣或惡意辱罵，就會以理性、成熟的方式回應。例如，某些受害者遭到辱罵時，會疑惑：「我做了什麼，讓他對我產生這種看法？」想當然耳，施暴者之所以施加言語暴力，跟伴侶的所作所為一點關係也沒有。

孩子罵人難聽的綽號（譬如「你這個大便！」），與大人的無情辱罵「（你這個賤人！）」，其實源於同一個階段的情緒發展。孩子的心智尚未發展成熟，因此我們對孩子的辱罵不以為意，但如果一個人已經成年還這般謾罵，不僅令人不安，也具有危險性。

駁斥也是一種不成熟的表現。舉例而言，假如你身邊有個好奇心旺盛的四歲小孩，你很可能聽過他說：「不是那樣。」「你錯了。」對四歲的孩子來說，他的世界就是自己所看到的一切，他希望這一切都是固定不變的。相對地，心智成熟的大人會知道事實並非如此，許多人都會有跟自己不同的觀點。

成長過程中，我們不只要學習尊重他人的觀點，也學著以適當方式表達憤怒。大體而言，我們表達憤怒的方式會跟父母相似，父母會在有意無意之間教導我們如何表達，長大後，我們已經學會怎麼表達憤怒才適當。然而，施暴者並未經歷這個重要的學習過程，這正是他易怒、有言語暴力傾向的原因。

妥善表達憤怒的方式，不是虐待、打擊、怪罪或指責對方。相對地，若以虐待的方式表達怒火，會造成破壞與傷害。我們可以透過健康的方式表達憤怒，例如，當受害者強力要求施暴者：「閉嘴！」這就是在利用憤怒保護自己，這種方式是有建設性的，不同於有破壞性的怪罪和指責。刻意打擊對方的怪罪（例如：「你做了什麼自己心知肚明！」）與指責（例如：「你只想逃避責任！」），都是虐待性憤怒的表現。不難想像，對於可能一輩子經常聽到這種言語暴力的受害者而言，這樣的言語暴力會多令他混亂。

提醒

若發生以下任一種狀況：你感到錯愕、震驚或痛苦得說不出話；你的伴侶似乎無法控制怒火；你開始懼怕他；他威脅要用某種方式傷害你；他曾經對你動手，或是威脅要對你動手，那麼你不該獨自面對他的虐待行為，必須慎重思考留在他身邊的安全性。

回應言語暴力，意味著透過有力的反應，嘗試改變現狀。這並不容易，所以不妨按照自己的步調進行。在言語虐待關係中，你不只是要跟對方鬥嘴，你是在捍衛自己的精神、理智與靈魂。

若伴侶的傷人言語令你措手不及，你很難思考該如何回應。遇到具有虐待傾向的陌生人，例如在馬路上呼嘯而過、對你咒罵的駕駛，要保持冷靜比較簡單，但對象換成伴侶時，就沒有那麼容易了。這有很多原因，可能是因為你對伴侶毫無心防，讓伴侶有了拒絕你的力量。虐待就是一種拒絕、排斥的行為，令人受盡折磨、痛不欲生。

最後的警告：不要自欺欺人地以為，無論伴侶如何對待自己，你都能夠平靜以對。你必須了解，處於有益身心的環境、確保自己的底限不受侵犯，是最基本的權利，唯有如此，你才能擁有平靜。

如果你正處於言語虐待關係中，希望做出盡可能強而有力的回應，那麼在你開始嘗試之前，我建議你先讀完本書，再回過頭複習回應方式。你對言語暴力及虐待性人格的認識越充分，就會越能做出有力的回應。

一開始，你可以找朋友或諮商師一起練習如何回應。請朋友扮演施暴者，以第八章列舉的傷人言詞來攻擊你，讓你摸索適當的回應方式。如果沒有練習對象，你也可以在面前擺張椅子，想像施暴者坐在對面，然後試著一人分飾兩角，說得越清楚越好，這樣能讓你深入了解自己遭遇了哪些言語暴力。

除了角色扮演之外，回顧第八章所列的言語暴力種類也很有幫助。你可以針對每一種類型，看看自己是否能舉出一兩個例子，這樣當你一聽到這些話，就能立刻辨認出傷害行為。

回應言語暴力時……

- 要明白，當對方貶低你、命令你、吼你時，就是在傷害你。傷害行為對你並不公平，不僅有礙你的身心，也打擊你的精神。
- 要記住，施暴者說這些話時並不理性，也不成熟。
- 提醒自己，你是在回應一個試圖控制、支配或凌駕你的人。
- 要明白，對方的傷害行為不是你造成的。
- 要明白，身處言語暴力的環境對自己有害。
- 辨別對方不成熟的行為，和他保持距離。
- 以強力、堅定的語氣做出回應，表示你是認真的，不會再忍受任何言語暴力。
- 保持清醒，專注於當下，注意自己的感受。你有什麼感覺？他的言語帶給你什麼感受？你看清了什麼？

回應言語暴力時，應該堅定、清楚地說話，抬頭挺胸，直視對方，深呼吸，讓腹部隨吸入的空氣而擴張。

學習辨識、回應言語暴力，需要一定的時間、精力、努力、決心與付出。即使伴侶停止謾罵、輕視你或使用言語暴力，你們這段關係也可能有其他問題必須處理。倘若他願意和你一起努力，試圖改變，釋出善意，接受自己的行為是一種言語暴力，肯了解你的渴望與需求，你們也許就能建立良好的關係。

那麼，要過多久才能看到回應的成效（傷害行為不再出現）？事實上，光靠你一人是無法實現的，絕大部分的決定權都掌握在你的伴侶手中。舉例來說，假如你當面要求他停止，他依然無法或不願意停止吼你，或是堅稱他生氣都是你害的，那麼你很難看到成效。既然他無意改變，當然也就不會改變。一般而言，在一兩個月內就可以看出對方是否正在改變，他要不是會停止對你言語攻擊，就是會繼續施加言語暴力。

如果他非常關心你，在乎你是否快樂，也想與你建立健全的關係，在你開始回應後，可能第一週就會看到成效。

以下是針對各種言語暴力所建議的回應。你可以再翻閱一次第八章，了解不同種類的傷害。你不需要背誦所有的建議回應，只要用自己的話傳達意思即可。

針對特定言語暴力類型的回應

若你的處境十分艱困，需要快速、適用各種言語暴力的回應方式，以求安然度過最嚴重的虐待情況，可以嘗試這句話：「不要再這樣說了。」

回應拒絕溝通

拒絕溝通是刻意沉默以對或冷戰，如前所述，這是種侵犯他人界線的行為。你不必忍受與伴侶默然對坐數小時，偶爾提出一些問題、發表對新聞的評論或分享自己的興趣，卻得不到對方的回應。無論你們是外出用餐、在家或度假，只要對方連續數小時、數天（或是任何讓你覺得再也無法忍受的時間長短）不與你交談、不回應你，你可以離開現場，堅定、清楚、就事論事地表示：「我覺得和你在一起很無趣。」

然後，你可以等到想回來時再回來。這個做法不一定會產生效果，但至少你不會覺得無聊。與其與伴侶枯坐，期盼對方回應你卻遭到沉默以對，倒不如看看書、帶小孩出去買冰淇淋。

我遇到的一名女性個案採取了另一種做法。她在晚餐時戴上耳機，播放自己最喜歡的音樂，隨著只有自己能聽見的樂聲哼歌。這種不尋常的行為果真對伴侶起了作用，很快便開啟話題跟她交談了。

回應駁斥的傷害行為

如果伴侶總是反駁你的意見、感受與認知，甚至是連他自己誤解你的話也加以駁斥，你可以伸直手臂，手掌對著他（如同交通警察的手勢），以有力的口吻說出：「停！」接著說：「請看著我的嘴。」然後緩慢、明確地覆述自己原本所說的話。

不要解釋你說的話，因為習慣駁斥他人的施暴者只會反駁你的解釋。只要對方反駁你，你就重複一次上述動作。記住，你有權保有自己的思想與認知。如果你保持理智和警覺，每一次都阻止對方的反駁，也許就能影響對方，最終使他停止駁斥。

假如你表達對某件事的意見，他說：「喔，我不這麼覺得。」這就沒有關係。他不是在反駁你，只是在陳述他有不同的看法。

在第八章所列舉的燈罩這個例子中，當受害者覆述施暴者的意見，施暴者卻又加以否定。如果你的伴侶對你表達某個意見，你為了表達自己已經理解，所以重複那句話，隨後他又反駁了你所重複的話，那麼你要立刻停止對話！你不需要表示你理解了他的第二句話。你對於言語暴力的辨識能力與日俱增，請相信自己一開始就正確解讀了他的話。他純粹是在反駁你，根本無意和你達成共識。明白這個事實後，你可以簡單地對他說：「等等，我沒聽懂你的意思，你能不能寫下來？」或是：「不要再說了。」「不要再反駁我。」

倘若他拒絕，請不要浪費任何時間試著釐清他說的話，也無須認真看待他的言詞。他沒有想要讓你了解他，也無意了解你。想弄清楚他話中的意涵，只會讓你更混亂、更沮喪。

另一種在大多數場合都能運用的回應方式，則是非常冷靜、緩慢、清楚地向對方說：「原來你是這樣想的。」這句話既讓對方沒有理由辯駁，也讓他要為自己的言詞負起所有責任，同時讓你有權保有自己的意見。

有時，對方會用挑戰的方式來駁斥你。當你提出個人意見，例如「我覺得這場表演很棒」，對方卻質疑你：「你又不能證明。」你只需要簡單地回應：「是不行。」接著，就結束談話，離開現場。你可以出外散散步、找朋友聊天、吃頓午餐、到圖書館看書、好好打理自己、到街上逛逛或是帶小孩到公園玩耍。

你有權利擁有自己的看法、意見與觀點。世界上的人何其多，每個人基於自身的觀點、經驗與信仰等，看待事情的角度都不同。當對方表示你的看法錯誤時，就像入侵了你的身體與心理，否定了你的經驗。顯而易見地，駁斥會侵犯你的界線。

回應減低重要性的言語

減低某件事的重要性，是一種非常令人困擾的行為。該怎麼回應減低重要性的言語呢？乍看之下，傷害似乎已經造成了，你已經因為對方的輕視而受了傷，若你抗議道：「你為什麼這麼說？」「那不是真的！」「你這樣說讓我覺得很難過。」對方會告訴你，你的經驗不算數，用減低重要性的言語對你說：「你總是隨便下結論！」「你小題大作！」這樣的行為嚴重侵犯了你的界線，彷彿施暴者佔據了你的內心，清除裡頭所有的經驗，然後再置入自己的想法。

不必試著搞懂伴侶為何會這樣想、這樣說，也無須努力讓他理解你並沒有太快下結論或小題大作，更不必質疑他：「你為什麼這麼說？」光是因為你不喜歡他的行為，你就有資格以油然而生的憤怒來回應。

怎樣的回應才能發揮效果呢？你可以試著說：「馬上停止說這種話。」「停！你以後不要再這樣對我說話。」「不要說了。」

如果你的伴侶確實是會施加言語暴力的施暴者，這些回應可能會遭到他的反抗，但卻不容易受到忽視。每當你遭遇突如其來的言語暴力時，都可以這麼回應。

當你聽對方說：「你根本不知道自己在說什麼！」假如你感到困惑大於憤怒，你可以露出發現新大陸的樣子，強勢地說：「啊哈！原來你是這麼想的！」這種方式對於許多施暴者以「你」為開頭的指責言詞都管用，要是他回答「沒錯」，你只要意味深長、帶點神祕地說：「我懂了。」

施暴者會極力避免對自己所說的話負責，這種回應方式可以讓他知道，你認為他該負起責任，也知道他的看法並不等於你的看法。

回應以玩笑偽裝的傷害

若你遭到對方輕視，你告知對方這令你不舒服，他卻表示自己「只是在開玩笑」或放聲大笑，就代表你正遭遇偽裝成玩笑的言語暴力。要回應這種傷害行為，你應該要了解，對方貶低你是因為他從中獲得優越感（由此可看出他並不理性，也不夠成熟）。

某些案例中，當受害者對施暴者表達不滿時，對方會將這些話視為攻擊，非但不道歉，也不體諒他的感受，反而再度貶抑他，輕視地說：「你真沒幽默感。」

如果你聽到對方這麼說，你必須明白，他已經侵犯你的界線、侵犯你的人格，還擅自認定你缺乏幽默感這項特質。不要花力氣解釋他的玩笑為何不好笑，也不必告訴他你覺得怎樣的玩笑才幽默，更無須告訴他，有些玩笑你不知為何就是不喜歡，請他不要再說了。不用問他是什麼意思、為什麼這樣說，不必浪費時間思考他是否了解這種話讓你有什麼感受（即使他一副覺得很好笑的樣子），不必納悶自己為何就是笑不出來。你要做的，是思考他的行為是否成熟。

每次對方語帶貶意、輕蔑、詆毀或奚落，或是你不喜歡對方所說的話，你可以斷然地說：「我很好奇，你說這些話來鄙視／打斷／嘲笑我，有讓你覺得自己更了不起了嗎？希望你好好想想。」

說完之後，結束對話，可以離開現場，或告訴對方你想自己靜一靜。無論怎麼做，你的行為都能對伴侶發揮更大的作用。請不要繼續談話，假使對方仍舊不斷挑釁你，你可以說「我不想討論這件事」或「晚一點再說」。

回應顧左右而言他

隨時注意、觀察自身感受。若你問對方你在意的事，或試著告訴對方對你來說很重要的事，對方的反應卻令你感到氣餒，表示對方有可能在迴避或顧左右而言他。

你有權處理跟自己有關的事務，所以如果對方藉由迴避或顧左右而言他，阻止你獲取想要的資訊，就是在侵犯你的界線。他透過隱晦的手段阻撓你，漠視你的基本權利，打擊了你身而為人的尊嚴。

假如你問對方問題，但對方卻有意閃避，還轉移話題，請不要回應那些有如路障般阻礙你、誘導你偏離原有目標的言詞。你可以說：「看著我！」然後不斷重複問題或陳述。例如：

「那五千塊花去哪了？」

「你自己連帳都不記，難道要我一筆一筆去查嗎？」

「看著我。五千塊花到哪裡去了？」

「如果你不信任我記的帳，從今以後報稅的事都給你弄。我受夠了。」

「看著我。五千塊到底花到哪去了？」

重複你的問題，直到他回答。專注於自己的感受，也就是你想知道實情的慾望，不要被他的言語操縱。你很可能想反駁對方來捍衛自己，但若是這麼做，就會讓他成功轉移注意力。然而，對方必須直接了當回答你的問題，或是坦白告訴你他不會回答，這樣就不算是迴避或顧左右而言他。

如果你想要的話，可以對他說：「不要轉移話題！」

回應指責、怪罪

倘若受害者想遠離言語暴力，就保持覺察，回應對方指控的言詞。一旦受害者辨識出指控與怪罪的行為，認知到這些行為是一種虐待，那麼若是伴侶不願改變，受害者就能夠毅然離開對方。

換言之，有的受害者之所以不願結束言語虐待關係，也許是因為相信他能夠讓對方理解，他並沒有做出對方所指控的事，也不該承擔他的責怪。受害者想讓伴侶明白自己的本意，以及自己並非他的敵人。

如果你處於言語虐待關係中，一定曾受到對方的指責與怪罪。

想要最有效地回應言語暴力，必須認清這些傷害行為，並且明白：無論如何，施暴者就是會怪罪、指控他們所虐待的對象。當對方指控你、責怪你，就是在傷害你。

當對方辱罵、暴怒，說你做錯、故作聰明、裝傻、沒事找架吵、無中生有、扭曲事實、打斷他、試圖佔上風、囉嗦得沒完沒了、想法有問題、自以為聰明、自以為什麼都知道、挑釁、自找罪受、想找麻煩、想吵架……這都是言語暴力。你可以回應：

「不要再指控我，不要把責任推到我身上。停止！」

你還可以接著說：

「不要再讓我聽到這種話。」

「搞清楚你在跟誰說話。」

「不要那樣跟我說話。」

「你自己知道這樣說不公平。」

對於伴侶指責或歸咎於你的事情，不要浪費時間去辯駁，只要說「停止」即可。那些言語暴力都是對方對你灌輸的謊言，侵犯了你的界線。施暴者入侵你的心靈，憑空捏造你的動機，然後再把這些言語灌輸給你。任何人都無權對他人這麼做。

一般而言，施暴者在指責與怪罪時，會編造受害者的意圖、態度與動機，使受害者感到挫折、承受誤解，因而渴望替自己解釋。但是，倘若受害者真的試著解釋，就會使對方不斷出現傷害行為。

再談談「解釋」這件事。如果你正遭受言語暴力，卻覺得只要自己好好解釋，對方就能夠理解，請試想：如果有人朝你家的窗戶丟石頭，你應該會要求他停止，而不是向對方說明他為何不該丟石頭。言語暴力，就如同丟進你家窗戶的石頭。

回應批評撻伐

通常，批評論斷是針對個人特質與行為的謊言，會傷害他人的自尊。若別人批評你，例如「你開車技術爛透了」，你應該自問：「誰有權批評我？這個批評我的人是誰？」這個人不是法官，也不是神，而是一個應該少管閒事的人。

沒人有權利批判、論斷你的個人特質與表現。假若他擅自論斷你，就跨越了你的界線；自以為是的推斷，也是一種侵犯。若要回應批評撻伐的行為，你應該以憤怒作為後盾，盡量大聲、堅定、果斷、強勢地說出下列言詞：

「你知道自己在說什麼嗎？」

「不要批評我。」

「停止批評。」

「夠了！」

「我不接受你的評論。」

「胡說。」

「你有什麼評論，自己放在心裡就好。」

「請管好你自己的事就好。」

「這不關你的事。」

然後就結束對話，如果可以請離開現場，絕對不要繼續和對方說話。再進一步談下去，會減弱回應的效力。

回應對方說自己做的事情沒什麼大不了

這種言語暴力，可能是看貶你的工作、努力、興趣或關心的事情。這種行為極其隱晦，施暴者通常也會裝傻。對方侵犯你的界線、入侵你的內心，對你說你認為重要的事一點也沒有意義，你珍視的事情一點也沒有價值。

聽到這樣的話時，可以用底下任一種方式回應：

「你那樣說，讓我覺得你不支持我。」

「我不希望聽到你說這種話。」

「我覺得你說得差不多了。」

回應削弱

削弱這種行為殘忍而隱晦，最好的回應方式是「照實說」：

「我不喜歡你的態度。」

「你那樣說太過分了。」

「不要再說了。」

「我跟你相處真是一點都不開心。」

有一種施暴者會在伴侶不小心受傷時大肆取笑，例如伴侶在泥地上滑倒、打翻熱湯燙到自己時，他會樂不可支地拼命嘲笑。

這類傷害行為不僅損害受害者的自尊，也顯露了施暴者的虐待傾向。這種行為侵犯了伴侶的界線，否定他所經歷的現實。施暴者等於是在說：「這哪裡會痛，讓人很高興啊，你看我被你逗得這麼開心。」

回應威嚇

假如你正遭受肢體暴力（包含性侵，無論對方是不是你的配偶）、對方威脅要使用肢體暴力、曾經歷看似會演變成肢體暴力的狀況，或是你感覺自己或家人的安危受到威脅，你必須盡快尋求支援與協助。

如果你的伴侶用言語威脅你，代表他試著要操縱你。舉例而言，假如你不照他的意思做，他就威脅要離開你、下次你請他做某件事就要拒絕你等等，這類「可能來臨的災難」都會擾亂你的平靜狀態，侵犯了你的界線。

此時，你應該盡可能冷靜、清楚地回應：

「請不要用這些威脅來逼我。」

「不要威脅我。」

「我不想聽。」

「走開。」

回應辱罵

如前所述，辱罵的行為侵犯了你的界線。辱罵是令人憤怒的傷害行為，相對的，回應也應該表達憤怒。

「停止！不准用這些詞罵我。」

「在這個家／在這裡，我不想再聽到任何難聽的字眼。」

倘若施暴者經常用難聽的話罵你，你必須了解，絕對沒有任何人能以任何理由辱罵你。這項行為百分之百不合理。如果你已經習慣對方的謾罵，你要謹記，你不需要在這種環境生活，很多人的生活都不會受到這種辱罵。會這樣辱罵的人，情緒很可能並未發展成熟，因此不懂得建立健康的關係來愛護伴侶。

回應命令

如果伴侶對你頤指氣使，表示他忘了你是一個獨立的個體，擁有生活、自由和追求快樂的權利，假如他有求於你，就必須禮貌地提出來。你也可以向他重申自己的界線，告訴他：「你在命令誰？」「你知道自己在說什麼嗎？」「你可以好好說嗎？」

「我不接受別人的命令。」

當他以「我們」為開頭對你下達指令，譬如「我們現在就離開」，你可以回應：

「我不想。」藉此重申自己的界線。

回應遺忘與否認

假使你相信施暴者，便無法適當地回應對方的否認行為。記住，不要聽信施暴者的否認，否則你將陷入無止盡的循環，不斷徒勞無功地解釋他是怎麼傷害你、讓你害怕，他的行為又有多令你不安。

如果你卡在不斷解釋的瓶頸中，可能是因為你堅信總有方法能讓對方理解。要是對方表示不知道你在說什麼，你可能會以為只要解釋清楚，他就能明白了。不過，這是不可能的。

當你面臨對方憤怒或激烈的否認，如何以強勢的態度回應，又是另一項問題。在沒有細想的情況下，對方越生氣，你就會越努力地解釋，只求打消對方的怒氣。你解釋得越多，他就會越生氣，然後你會再拼命辯駁，然後他更用力否認。這就是「試圖解釋」的惡性循環。

施暴者大多會聲稱是伴侶「害」他們生氣，所以受害者常常以為是自己惹怒對方，而這全是因為對方有所誤解或他說錯了話。這麼一來，受害者猜想，只要對方明白自己的意思，對方就會平息憤怒。

倘若受害者相信了對方的否認，也可能會陷入另一種瓶頸。他會嘗試克服痛苦，認定「無論如何」自己都不應該難過，因為對方說「全都是他自己誤會了」。

最棘手的否認形式是遺忘。施暴者藉由遺忘，把責任推給「脆弱的心智」：「我不記得我那樣說過。」讓受害者巴不得當時有目擊者可作證。

既然對方說他從未說過某些話，是你無中生有，你該怎麼讓他明白那些話讓你困擾呢？關鍵在於：不要「事後」才表達你有多難受，不要給他任何機會去否認傷害行為或漠視你的感受。每當你聽到令自己不舒服的話，要馬上堅定地說：「停止。」

面對否認，最有效的兩種回應是：「停止。」以及：「不要讓我抓狂！」

為避免因否認而產生混亂，你必須專注於自己的內心情緒與生理感受。不必試著釐清施暴者在想什麼、有什麼感受，不必思考他會不會明白你為何要他停止，不必納悶他會不會喜歡你的回應。

當你感覺受傷、痛苦或混亂，千萬不要花時間試圖理解施暴者，或思索他怎麼能說出這種話。只要你不喜歡，就要讓他知道，你希望他立刻停止當下的舉動。

假使他表示自己不記得那件令你不快的事，不要輕信他「遺忘」的否認。你只需回應：「我不信，那次的事件下不為例。」

回應虐待性的憤怒

閱讀本章建議的回應方式時，若你覺得自己不敢按照這些方式回應，可能代表你的伴侶具有憤怒成癮的傾向。這時，你必須接受自己的恐懼，依照本章開頭的提醒來行動。

虐待性憤怒是言語暴力中一項極為主要的因素，而且似乎與發洩、支配、控制、打擊與輕視他人的渴望密切相關。該如何回應虐待性的憤怒？在我訪問的人之中，曾遭遇這類暴力的人全都害怕這種憤怒，他們會害怕並不是沒道理的。

面對憤怒的人，一個大原則是與他保持距離。然而，如果他對你大吼大叫，你可能就需要有效的回應策略，影響對方，驅使他改變，或是為自己爭取時間，在必要時逃離這段關係。

伴侶吼你時，你可能會過於震驚而無法回應，但你可以拉開你和他的心理距離，試著客觀看待對方，不要將他視為丈夫、孩子的父親、朋友、偶像或親人，而是一個任性、尖叫、發脾氣、叛逆或好辯的孩子。下次他對你發怒時，如果你能夠在心中想起這個形象，或許就能夠說出：「你不要對我這麼大聲。」「我不喜歡你那種語氣。」或許，你也可以迅速回應：「停止！請你深呼吸，好好地說。」

你的伴侶也可能在憤怒時，當著親朋好友的面，說出只有你懂的言詞傷害你。在這種情況，要是你表達抗議，也許會顯得「小題大作」或「無中生有」。你可以嘗試回應：「雖然這裡的人都不知道你這句話是什麼意思，但你讓我很不高興。」

許多受害者覺得，回應虐待性的憤怒特別困難，這種憤怒不只毫無預警，對方所用的言詞也常常令受害者措手不及。受害者會想：「他在想什麼？他是什麼意思？」然後努力回想、分析，試著理解對方為何生氣，這和自己又有什麼關聯。

面對虐待性的憤怒，最有效的回應方式是**忽視對方的言詞**。他對你無故發火或大罵，都是言語暴力。因此，你不需要放在心上，不需要花時間去釐清或理解背後的原因。

倘若你跟多數受害者一樣，覺得很難回應虐待性憤怒，試著留意對方憤怒的徵兆。一旦你察覺他說話語帶慍怒，立刻回答：「停！」然後離開（如果是在講電話，就立刻掛斷）。一看到他變得僵硬、緊繃、隨時可能爆發，立刻說：「停！」或馬上離開現場。只要發覺他情緒不對勁，就立刻遠離他。

這些回應或許能協助你發揮影響力，避免遭受言語暴力。如果你能在第一時間察覺對方的憤怒，並且立刻要求對方停止或立刻離開，說不定能停止糾結對方所說的言語，打破惡性循環。只要你停止嘗試理解對方的言論，就能更迅速、更明確地做出回應。

你不能改變任何人。如果你的伴侶有言語暴力傾向，而且不願意改變，你就必須面對現實：你無法在有害的環境中過著健康的生活。你不是生來就該提心吊膽地過日子，隨時提防言語暴力。此外，即使伴侶停止言語暴力，也並不保證你們之間會有溫暖、相互關愛、幸福的關係。

可能的話，在問題發生之前，就要防患未然。想避免踏入言語暴力的關係，最好的方式是事先辨明對方是否具有言語暴力傾向，假如有，就不要交往。

如果你正考慮展開一段新的關係，請好好衡量對方的人品。看看你期望的、想像的、實際得到的，是否有所不同；仔細留意，你與新對象是否處於同一個現實。

以下這幾個問題，可供你評估感情關係。回答這些問題時，必須信任自己的認知與感受。若有任何一個答案是你不喜歡的，就代表這段關係很可能並不健康。

1. 他的生活是否快樂？
2. 你是否喜歡他的想法，彼此相處融洽？
3. 你們是否感情真摯，能夠分享令彼此快樂的事物，想法也夠有默契？
4. 你們是好朋友嗎？
5. 和他相處時，你是否感到放鬆自在？
6. 在他面前，你能不能真正做自己，不必擔心受到批評？

7. 他是否會與你分享自己的興趣，也想了解你的興趣？
8. 他是否會向你坦誠表達自己的想法？
9. 你是否感受到他對你的關心與理解？
10. 他的幽默是否經常建立在挖苦別人之上？或者是否帶有尖酸或威脅意味？或者是否令你感到不自在？
11. 你是否感覺他不信任某些人？
12. 他是否會反駁你的想法、意見、感受與經驗？
13. 與他共處的時光是否經常不如你預期的那麼愉快？
14. 他的眼中是否只有「好人」與「壞人」？
15. 你是否常覺得他解讀事情的方式或對同一件事的記憶與你不同？
16. 他是否會以偏概全地論斷你？

不論你是否正身處於言語虐待關係中，即使你從未面臨言語暴力，以上問題依然可供你作為評估感情關係的標準。最重要的還是你的感受，若你有任何不對勁的感覺，那麼不用懷疑，這段關係確實不對勁。

第十三章　從傷害中復原

所有改變，即使是我們最渴求的，也有令人惆悵的一面，因為我們必須捨棄一部分的自己。展開另一種生活之前，我們都必須先終結原本的生活！

——安那托爾・法朗士（Anatole France）

只要受害者辨識出言語暴力，並且採取必要行動確保自己不再遭受傷害，就代表他已踏上復原之路。復原是療癒自己、重拾方向的過程，沒有固定時程，所需的時間因人而異。

當受害者辨識出情緒、肢體或性方面的暴力，無論事件發生於童年還是成人時期，都會帶來痛苦與震驚。受害者面臨不可置信的真相，身心失去平衡，然而，他終究得承認、理解並接受事實。受害者承受暴力的時間越長、程度越深，復原所需的時間就越久。

珍妮佛・貝克爾・佛萊明（Jennifer Baker Fleming）在著作《拯救家暴婦女》

（*Stopping Wife Abuse*）中列出一些自我肯定的句子，幫助受害者更堅強、正面地看待自我。我在此將其內容略做修改與增補，提供言語暴力的受害者參考。

我可以信任自己的感受與認知。
我不必為對方的言語暴力行為負責。
我不是造成他人焦躁、惱火或狂怒的原因。
我有權利拒絕承受精神上的痛苦。
我可以拒絕不喜歡或不想要的事情。
我不必逆來順受。
我是一個重要的人。
我值得受到好的對待。
我理應受到他人的尊重。
我能夠掌控自己的生活。
我能夠發揮自己的力量，好好照顧自己。
我可以決定怎麼做對自己最好。
我可以照自己的意思，改變我的生活。

我不孤單，我可以請他人幫助我。

我值得對方的努力與改變。

我有權利過安全、快樂的生活。

我可以仰賴自己的創意與智慧。

以下說明幫助受害者從傷害中復原的一些原則。若你正身處言語虐待關係或正試著離開伴侶，這些原則會非常有幫助。脫離言語暴力的環境後，你就能夠提升自尊、改善生活品質。

從言語暴力中復原是一項契機，讓你學習接受並確認自我感受的真實性。你可能會是第一個承認、接受並證明你的感覺的人，如前所說，你的感受能夠作為一種指標，讓你判斷自己的生活環境有沒有問題，有問題的並不是你。

如果你目前沒有諮商師或治療師，建議你花點時間與金錢，找一位合適的專業人員。諮商師可提供必要支援，助你建立有益身心的環境。有了諮商師的幫助，你也許會發現，自己早在童年時期就已習慣言語暴力，或是曾見過他人對言語暴力習以為常。不論在家裡、學校或與同儕相處時，你都有可能受到誤導，懷疑自己的感覺。即使是最具善意的父母，也不一定總能理解與接受孩子的感受。

務必確保諮商師能讓你感受到扶持。實際上，某些針對改善關係的建議有可能會引起反效果。正如遭受肢體暴力的人覺得自己該為挨打負起責任，言語暴力受害者也可能認為，伴侶的怒罵或輕視都是自己招致的結果。

你也應該小心立意良善卻有欠周全的建議。一名受害者的諮商師告訴他：「如果你對他坦誠，他也會對你坦誠。」大體而言，這對於言語施暴者並不適用。如此一來，施暴者就會知道受害者的弱點，下次發怒時便可能針對這點攻擊。某些施暴者看到伴侶難過，反而會有種優越感，覺得自己贏了。有時候，要是伴侶指出哪些行為令自己難受，施暴者會惱羞成怒，指控伴侶刻意攻擊他。

一名受害者已與伴侶分居，準備離婚，諮商師卻說：「你和他之間永遠會有孩子的牽絆。」這名受害者表示：「我反覆思索，覺得『我永遠無法擺脫他，永遠都會是他的箭靶』。」後來，她明白這個想法錯了。她再也不必與伴侶共處一室，也不必再與他說任何一句話。

另一名受害者的諮商師從未處理過言語暴力的案例，於是給了這種建議：「你的伴侶只是沒什麼耐性。想想看，他供你吃穿，何況他也沒有拈花惹草。」假如這位諮商師親眼見過言語暴力的證據，絕對不會說出這種話，連玩笑也不會開。可惜的是，言語暴力並不會留下具體證據。

請尋求值得你信賴的互助團體，他們可以在復原的過程中提供非常大的幫助。對於伴侶會否認言語暴力事實的受害者而言，互助團體更是寶貴的資源。與了解你的處境、曾經歷相同遭遇的受害者交流，有助於恢復你的精神。最理想的互助團體能夠提供最誠懇的意見、讓你有歸屬感，也能證實你的感受與經驗。

循序漸進，一步步邁向自己的個人目標與有意義的工作，有助於建立信心與自尊。無論你有什麼感受，你都能夠採取對自己有益的行為，設定目標（無論多小的目標都可以），每天完成。

當你的內在心靈與外在環境產生變動時，最好維持固定的生活作息，正常飲食、運動與休息。

你必須了解，所有的改變都會帶來壓力，即使是你希冀已久的改變也一樣。改變的過程中，請盡可能照顧好自己。

專注於當下，盡全力愛護自己。

保護自己，以父母般的態度，好好關愛、滿足自己的需求，這種態度能滋養你的精神，提升你的自信。父親般的態度，包括探索與冒險的精神，以及採取行動的勇氣；母親般的態度，包含了接納自己，包容自我的感受、意見、創意及內在的小孩。

復原過程中，你會恍然明白，自己是個受害者。這個事實也許會令你哀痛，但倘若你為此感到羞愧，你就是替施暴者承擔了恥辱。一旦你認清對方的現實與你自己不同，你就會更明白，該羞愧的是施暴者。辨識言語暴力，採取行動解決困境，你將能脫離言語暴力的處境，邁向現實二的自尊與自由。

你可能會納悶，自己怎麼會受到言語暴力的影響而感到混亂。其實，施暴者的話語會夾帶雙重訊息，當他說：「我沒有生氣！我不知道你在說什麼！」聽起來可能充滿憤怒，又很清楚自己在說什麼，這種話非常容易使你混亂。如今，你要將自我感受與認知擺在第一位，雙重訊息就無法混淆你。舉例來說，若你聽到對方怒不可遏地說自己沒生氣，你就該相信自己的感覺，而不是採信他的說法。你知道他在發脾氣，因為你聽出來了。

在復原的過程中，你也可能會重新認知到自己經歷了哪些言語暴力。假如你曾遭遇令你錯愕、混亂、措手不及的傷害行為，你現在可能會不時回溯那些經歷，因為第一次的經驗對你造成了創傷，你在當下無法徹底理解、整合這些經驗。你可能會突然辨識出過往事件是言語暴力，並且重新經歷當時的痛苦與震撼，這種現象稱為經驗重現。這種情況下，你應該了解自己身上發生了什麼事，釐清經驗重現所帶來的感受，並專注於當下。

你也可能需要一些時間，整理對方灌輸給你的矛盾想法。假如施暴者不斷告訴你，你不知道自己在說什麼，或者施暴者總是反對你的看法與感受，你便需要時間，在不受外界干擾的情況下，好好辨別自我感受是否與外在現實相符。

等到你復原得差不多了，也許會展開一段嶄新的關係。現在，你已經認識言語暴力，也學會辨別你與施暴者的現實，當你察覺對方有一絲一毫現實一的人格特質時，你可以信任自己的判斷。假如狀況不妙，往後只會變得更糟。

自我療癒的同時，你也許會發展新的才能，對自己有全新的認識。假使過去施暴者總是貶低或輕視你的能力，現在你可能會發現，自己原先以為的弱點，其實恰恰是自己的天賦。只要靈魂獲得自由、獲得滋養，就能蓬勃生長。

當你越來越認清過去承受的言語暴力，你可能會產生從未預期過的感受。當你拋開一段感情關係的幻象，接受了夢想破滅的失落感，你可能會明白，你為了未曾擁有的美好生活而惋惜。

悼念失去的一切，也是復原的一部分，在悼念的過程中，你也會慢慢恢復精神。人生中，許多人們哀悼的事物，其實是自己未曾擁有的。例如，受害者可能想通，伴侶的控制慾極為強烈，從未真正接受過他，這時受害者之所以會悼念，是因為他接受了自己某項需求未獲滿足的事實。他必須了解自己的需求與權利，才會出現這樣的失落感，明白自己失去了從未擁有過的事物。

以這個角度而言，悲傷意味著要有意識地承認、了解靈魂早已明白的感受。我們透過悲傷，有意識地覺察到靈魂的價值，並逐漸復原，最終變得更完整。

當言語暴力的受害者認清伴侶只想操縱自己，而不是真正愛自己，受害者會哀悼逝去的愛情，因為他明白自己值得被愛，在這個過程中，他會發展出現實所需的自尊心。他知道，自己值得愛護與尊重。

第十四章　回首過去

現在，一切看起來好真實。之前，我就像生活在地獄一樣，彷彿我根本就不應該存在這個世界上，因為前夫看到我就生氣。

——某位受害者

我第一眼注意到奧莉薇亞，是注意到她的眼睛，大而深邃，笑起來如水晶般閃爍光彩。她答應接受我的訪談，歷經幾番波折，我和她終於在一間小餐館裡碰面了，喝著咖啡，寒暄一陣，慢慢轉進正題。

「我以前並沒有這麼快樂。」她說：「我永遠忘不了那天，我先生彷彿變成一個陌生人。」她遲疑了一下，接著說：「不過，大部分時候我不會去想這件事。」

「你現在看起來過得很快樂。」我說。

「是啊，儘管經歷過那些，生命還是美好的。很長一段時間以來，我再也沒有被瞧不起或責罵了。現在，我一發現對方會做這種事，就立刻走人，我不用兩分鐘就可以判斷出來。以前我幾乎每天都很受傷，一直試著了解為什麼會這樣。」

從她的表情可以看出，她回想起過去那段不好受的日子。

「你發現伴侶好像變成一個陌生人之後，你的生活就開始改變了嗎？」我問：「你能不能告訴我過程？」

她聳了聳肩，環顧四周，似乎想確定沒人偷聽我們的對話。其實，餐廳裡只有我們兩人。

「我全靠自己，我只有自己。」她反覆這麼說。

我點頭鼓勵她繼續說，心裡納悶：「難道她的先生有外遇？」

「我靠著自己的力量，發現我的前夫狄克生活在一個完全不同的世界。當時我們已經結婚十六年了，我突然意識到……我恍然大悟，他這些年來的行為都不對勁。你懂我的意思嗎？」

我點頭：「我懂。」我注意到她儘管語氣堅定，表情卻顯得很脆弱。

「有很長一段時間，我都沒察覺這件事。很奇怪，假如是發生在別人身上，我大概會說：『欸，那是不對的！』但發生在自己身上，我卻過了那麼多年，足足十六年才想通。」她笑了笑。

「你是說，他對你大吼大叫、說些瞧不起你的話，你都不覺得他有錯？」我問。

「嗯，沒錯。我一直知道自己不快樂，但不知為什麼，我就是覺得自己應該忍耐，好像我感到受傷是不對的，或是我應該有不同的感受。既然他說那不算什麼，我為什麼要這麼難過？我以為，我應該要努力讓他了解我，這樣他就不會發脾氣了。」

我們又倒了些咖啡。「聽起來，你的意思是，以前他罵你的時候，你覺得自己不應該覺得難過。為什麼？你覺得自己為什麼會這樣想？」

她閉上雙眼，仰起頭，彷彿在回想過去的情景。不久後，她低下頭，睜大眼正視我：「他總是能為自己的憤怒找合理的藉口，這就是為什麼。可是，自從他變得像陌生人的那天，我就不再認為錯的是自己了。」

我問：「能不能告訴我，你和前夫之間發生的事，你對這些事情又有什麼感受？我想了解這種現象。」

「當然好。我想，我的生活之所以會發生改變，與其說是因為發生了一些事，倒不如說是因為我終於看清現實了。」

她娓娓道來：「有一次，我們邀朋友來家裡作客，他們要留宿。前一天晚上，狄克還沒回家，朋友在討論隔天早上想吃半熟蛋和吐司，問我家中有沒有這兩樣東西？我說：『有啊，很多。』又問他們還要不要其他食物。他們說不用，只要這兩樣就好，這是他們的最愛。

「隔天早上，我在後院喝咖啡，朋友才剛起床，狄克突然出現在我面前，說：『我要去買咖啡蛋糕（他幾乎每週日都會買），你要買什麼嗎？』聽到他這麼問，我覺得很貼心，所以有點高興。我想了一下我可能需要的東西、家裡有的食物、要買多少蛋糕、朋友要吃蛋和吐司。我同時想著這些事情（你一定也有這種經驗），結論是沒有東西要買。我的意思是，我沒有讓他等很久。

「於是我說：『謝謝，我沒有什麼要買，他們大概也不吃咖啡蛋糕。』

「這時，狄克馬上火大了起來，臉色脹紅，狠狠瞪著我，咬牙切齒，音量大到讓我很害怕。他說的話就像子彈一樣，狠狠打在我身上。他大吼：『我才不管他們要什麼！我幹嘛幫他們買！我只買我要吃的！』說完掉頭就走。」

奧莉薇亞說話時，盯著前方，沉浸在自己的世界裡。她瞥向我，眉毛微微揚起，好像回想起那件事有多奇怪。

「現在我覺得有點不可思議，他居然會那麼憤怒，但這件事真的發生了。回想起來，他好像很輕易就能發火。

「當時，我腦中一片空白，我想這就是所謂的錯愕吧，不過其實我常常這樣被他嚇到。我變得有點麻木，周遭頓時一片死寂，要不是連鳥都停止鳴叫，就是我嚇得聽不見其他聲音，我不知道。回過神後，我才感到心裡非常難受。現在回想，我記得我努力想搞清楚發生了什麼事，不停地想自己說了什麼，他又說了什麼。」

她猶豫一下，深吸一口氣。我看著她，問道：「在你試著搞清楚的過程中，是否也覺得心裡非常難受？」

她微微點頭，說：「嗯，也許是因為太難過，所以很難思考。最後我終於想通了，生活從此有了轉變。現在我明白，先生打我或用言語攻擊我，都是不對的。可是當時，我只想搞懂他為什麼這麼做。

「於是，我試著釐清是不是我說了什麼話，讓他很不好受，才發這麼大的脾氣。我不知道的是，其實在那段對話中，受傷的只有我。我一直想：『他是因為我知道朋友不吃咖啡蛋糕，但他不知道，所以才生氣的嗎？』」

我問：「所以你當時以為，他會難過是因為他覺得被排擠？」

「是的。我那時想：我不應該告訴他，我知道朋友已經計畫好要吃什麼。

「我心想：『要是我告訴他為什麼就好了，但之後萬一遇到類似的情況，我怎麼有辦法記住要告訴他為什麼？我怎麼知道他會生氣？還是，他生氣是因為我預設他會多買一些吃的分給大家，但他並不想這麼做？』」

我問：「所以，你覺得他生氣的另一個可能原因，是你沒有先問過他，就假設他會分咖啡蛋糕給大家吃？」

「對，我以為要是我不預設就沒事了，可是真的是我預設太多嗎？還是，他其實是想和大家一起吃，卻發現他大概無法如願？」

我留意到她在試著理解的過程中，自行設想了這麼多種可能的原因：「所以，你猜想，如果對方不是因為你預設而生氣，那有可能是因為他不能和大家一起吃蛋糕而生氣？」

「是的，我就是想要搞懂這件事。是不是我讓他失望了？但我不是故意的。他生氣是不是因為他原本打算買兩個蛋糕，結果卻不能買兩個？」

「所以你認為，他發火是因為被迫改變計畫？」

她點頭，「我想，搞不好他原本打算多買一個蛋糕，和大家分享，結果卻期待落空，他只是故意說自己不在乎、他只要買自己的份，以免我發現他有多失望。或者，他以為我知道他很失望，但我看起來根本不在乎，所以才氣得對我大吼。

「還是，他看我在後院那麼悠閒，不打算幫他買東西，所以才生氣？

「可是，我怎麼知道？」

我搖搖頭：「我不知道。我沒有答案。我想你當下一定覺得，要是你搞懂他的想法，以後就不會再犯相同的錯誤，就不會再發生這麼打擊你的事件。對嗎？」

「沒錯，完全正確。我想在當時，解讀對方的想法已經成了我生活中最重要的事。你明白我的意思嗎？」

「我明白。」我問：「你的意思是，你花越來越多力氣去理解對方的行為？」

她眼睛一亮，身體往前傾：「就是這樣。」她繼續說：「我想的所有他暴怒的理由，全都是錯的。之後，我鼓起勇氣問他到底在氣什麼。我做好他可能再發脾氣的準備，以免又被他突然發火給嚇到。結果他像平常一樣說：『生氣？什麼意思？』我覺得很詭異，什麼也沒說，只是繼續等他怎麼說。結果他說，我不讓他買咖啡蛋糕！他就是這麼說的，而且他這樣說的時候又生氣了。我真的不懂他怎麼會那樣想，他自己多的是錢花，而且幾乎每週日都會買蛋糕呀！

「那天晚上，我不停思考，自己一直以來多麼努力。有次，我自以為想到一個好方法，請狄克在生氣之前，先問清楚我是什麼意思。我以為這樣可以解決許多問題，畢竟我相信他也在努力了解我。然而，他卻說我在小題大作。

「那時，我還是抱著希望，即便我真的在『小題大作』，他總有一天會明白，只要一個小動作，就可以讓我們彼此都好過一點。他會發現，我沒有故意激怒他，我也能在他動怒之前解釋清楚。

「但是，不知為何，我就是無法讓他理解，他指責我無理取鬧的那些事件，對我造成多大的傷害。」

我說：「我懂了。等你意識到他跟你想的不一樣，是不是讓你覺得很難過？」

「對。」奧莉薇亞不假思索地回答：「我很肯定。現在我很清楚，他的行為令我很混亂，是因為本身就不合理。這些年，我一直搞不懂到底是怎麼回事，感覺總是有些地方不對。在我眼中，他是個成熟穩重的男人、丈夫與父親，在職場上也受人尊敬，但是，他的所作所為與這些形象似乎兜不攏。」

「所以，他在發脾氣前，從來不會問清楚你是什麼意思。」

「嗯，他從來沒問過。」

她接著說：「最後，我請他跟我一起接受諮商。他說，他已經很努力了，我根本什麼也沒做，所以我又更努力。回顧過去，我才明白自己當時有多混亂，卻毫無自覺。他說他愛我，可是愛不就是要善待對方嗎？我想，他一定也每天都在思考自己愛不愛我，不過在我看來不太像是愛。」

我說：「我可以明白，為何你覺得他看起來不愛你。這種狀況真的令人很混亂，但是，你後來想通了，是不是？」

「對。就在那天，我恍然大悟，沒有人有權利對我大吼。要是我想了一整天，還是想不到他吼我的理由，那麼他就不應該吼我。而且，那個罵我的人是誰？總之不會是一個愛我的人，那個愛我的人很久以前就消失了，現在我面前只是一個陌生人。這麼多年以來，我一直以為他還是我當初結婚的那個人。」

「發現先生變成陌生人，真是令人震撼的體驗。」

奧莉薇亞微笑：「是啊，我的人生從此開始改變。現在想想，就算當初我真的說『我不要你這週日去買咖啡蛋糕』（雖然我從來沒這麼想過），他也沒有權利那樣攻擊我。那是不對的，錯的不是我。這就是我當時慢慢理解的事，現在我也把這些原則謹記在心。」

「所以，」我說：「無論他怎麼想，他都沒有權利對你亂發脾氣。」

「沒錯！」她笑著回答：「現在我知道哪些行為才是合理的。假如我先生沒有變了個人，要是我說『我不要你買咖啡蛋糕』，他照理來說會問：『為什麼？』」

她頓了一下，眼神彷彿在確認我是否了解她的意思。我接著說：「然後你們會認真溝通這件事？」

「當然。」她語氣堅定。「他一定會想知道為什麼。」

我同意地說：「一般人都會預期這樣的反應。那麼，他後來有對你道歉嗎？」

「沒有，他沒道歉過，他從來沒為這些言語暴力而道歉，十六年來一次都沒有。回想起來，我才發現他讓我堅信，是我惹惱了他。就是因為這種想法，我才會一直不確定誰該道歉！」

「然後呢？」我敦促她繼續說。

「我發現他會進行言語暴力之後，就不再試著理解他，也不再努力解釋。我開始試著阻止他，這非常困難，因為我要他停止的時候，他會越生氣，或是嘲笑我。

「這對我也很不容易，因為我經常心煩意亂。」她的眼睛閃著淚光，「可以肯定的是，他從來沒有流露任何感受。」

「但你的內心卻五味雜陳？」

「是的，尤其是悲傷。回首從前，我覺得是這些感受救了我。」她說：「那些痛苦會存在，是因為我的靈魂知道這些行為是錯的。我的感覺一直都是對的。我不該待在一個會遭到輕視和怒罵的環境，就算對方一直說自己沒有這麼做也一樣。每次施暴者說自己沒有大吼，不就是常常用吼的嗎？」

「是啊，的確是這樣。」我回答。

「我想跟你說的最後一件事是，我在回顧這段關係時，我發覺他見不得我好，所以他會故意諷刺我擅長的事。總之，我受到他影響，變得搞不清楚自己擅長什麼，結果誤以為我做得不好的事其實做得很好，做得好的事其實做得不好，後來變得非常沒有自信，覺得自己很沒用。」

「沒關係，」我安慰她：「你不是唯一一個有這種經歷的人。遭到支配與控制的人常常遇到這種情況，這是虐待的徵兆。」

她微笑，說道：「現在我想通了。我過得比從前快樂很多。」

許多曾經歷言語暴力的受害者回顧過去時，常常會說以下的話。

「之前，我會想：如果他愛我，怎麼會對我有敵意？現在我會想：如果他敵視我，又怎麼可能愛我？」

「之前，我以為他只是不愛說話；現在，我知道他是刻意疏遠我。」

「之前，我相信他和我一樣，努力想了解彼此；現在，我明白他根本沒有這個意思。」

「之前，我不懂他怎麼能貶低我，然後又否認自己說了那些話，我還以為他有人格分裂。現在，我知道他只是在裝傻。」

「之前，我以為自己的想法是錯的；現在，我知道這是因為他總是反駁我。」

「之前，我認為他不擅言詞，所以我努力開啟各式各樣的話題，努力變得幽默風趣。如今，我明白他是想要與我保持距離，並確保自己能夠控制我。」

「之前，我一直害怕自己的意見是錯的。他總是不認同我的看法，我遭到否定之後，老是感覺混亂又沮喪。現在，我知道他只是想要反駁我。」

「之前，我以為他一旦知道自己說的話讓我難過，就會道歉。現在我明白，他不管如何都不會道歉，因為這麼做就表示他認輸了。」

「之前，我相信他說愛我，就是真的愛我，所以我沒認清他是故意跟我作對。」

「之前，我以為只要夠努力，就能理解他為何發脾氣。如今，我知道是他不理性，我先前才會想不透他的行為。」

「之前，我以為是男人的思考邏輯跟女人不同，只是不知為何，我好像是世界上少數不懂怎麼跟異性相處的人。」

「之前，我會想，既然我們是夫妻，那麼他一定會把我當成家人，為我著想；現在，我明白，因為我們結了婚，他才會認為自己有權控制我。」

「之前，我一直相信他說的話都是真的，但現在我知道並非如此。」

「離開他之後，我發現我喜歡待在植物旁邊。在植物旁邊我很有安全感，因為植物不會傷害我。」

第十五章　潛在的原因

每段言語虐待關係雖然不盡相同，依然有些共通的潛在因素。本章將引述愛麗絲．米勒論述童年經驗如何影響成人行為的研究，以及凱倫．霍妮（Karen Horney）提出的理想自我概念，來探討這些因素。

若假設施暴者與受害者都在現實一中成長，就會面臨幾個問題。譬如，受害者是如何成為受害者？施暴者是如何成為加諸傷害的人？為何受害者成長後進入現實二，卻沒有發展出現實二所需的自尊？施暴者為何又停留在現實一之中，一味追求支配權力，而非相互依存？

我相信，只要了解兩方的童年經歷，就能解開這些疑惑。現在，先來看看受害者的童年。

受害者的童年經歷

典型的言語暴力受害者從小在現實一中長大。在這種狀態中，成人對孩子的管教權遭到濫用，通常傷害孩子而不自覺，也往往是出於善意。在此現實中，支配權力和言語暴力無所不在。受害者的許多感受遭到否認，有些個案的父母態度疏離、經常缺席、不關心孩子或時常發怒，有的個案則是遭受照顧者、親人或老師的言語暴力。

儘管如此，受害者能夠進入現實二，想必有個關鍵的遭遇，也就是在童年時期，有人見證他的經歷，讓他有能力認清自己所受的傷害，以及這個環境的不合理之處。但到底是哪裡不合理？對他而言，掌控權力的大人是對的，怎麼可能做錯事呢？在他童稚的眼中，大人就像神一樣。他唯一的選擇是認為自己有問題，例如表達得不夠好、無法讓人理解自己的用意，或是對現實的感受與經驗都錯了。

因此，受害者長大後身處於現實二，卻不具備足夠的自尊。他知道自己承受了痛苦，因此能夠以同理心體諒他人，也試圖尋求相互溝通與理解。他唯一不知道的事，就是自己為何要承受痛苦。

照理來說，一個愛他的人不會生他的氣、吼他、說他有問題，除非他這個人真的有問題或表達得不夠好。他輕易相信，是自己無意間說錯話或做錯事，才讓伴侶受了傷。他絞盡腦汁尋找答案，並以為對方也是一樣。他萬萬沒想到的是，對方活在一個截然不同的現實，根本沒有尋找答案的意思。

除非是在非常理想的環境，否則每個人小時候多少都會遭遇某種程度的言語傷害，因此都會產生一些不確定感，也就是自我懷疑。在言語虐待關係中，自我懷疑會變得更嚴重。例如，若受害者聽到對方說「你就是想吵贏」或「你全搞錯了」，就會回想起幼時聽到的傷人言語，只是這次是在暗地裡發生，沒有同情他處境的目擊者。

如果沒有目擊者可以證實自己的經驗與現實，受害者就必須完全仰賴自身的感受與判斷，這對任何人而言都不是容易的事，對於言語暴力的受害者又更加困難，因為言語暴力會使他開始懷疑自己的感受，削弱判斷能力。

受害者會認為，自己受了傷也不應該覺得難過，或者受傷都是自己的錯。自童年開始，他便習慣不去理解自己的情緒，也因此無法認清事實。所謂的事實，指的是他正在遭受伴侶的傷害，還受對方指控為傷害的罪魁禍首（彷彿這些傷害是合理的），一切都是自作自受（彷彿他的感受是錯的）。

典型的受害者會聽信施暴者的否認，所以在他努力想找出答案時，會感到挫折與混亂。由於無法釐清問題、了解對方，受害者會產生無能感與混亂。假如伴侶是對的，假如他沒有說謊，假如確實是自己誤解了，那麼受害者唯有相信「自己一定哪裡有問題，像是表達方式、溝通能力，或對現實的感受與認知」。因此，童年的自我懷疑再次浮現。他敞開心胸，傾聽伴侶的說法，渴望找出造成痛苦的原因。這樣一來，他成為了理想的受害者。

受害者承受了許多不公平的心理打擊，但他不明白這些痛苦感受的意義。儘管如此，只要他保持對自身感受的覺察，就能維持與內在精神（即個人權力的來源）的連結，從中獲得力量，建立認清傷害行為的能力，進而養成現實二的自尊心。

施暴者的童年經歷

這一節，來談談言語暴力行為的根源。典型的施暴者同樣是在現實一成長，支配權力在這個現實中隨處可見，言語暴力亦是如此。施暴者與受害者一樣，無法證實或接納自己的許多感受，不同的是，他們並沒有目擊者可見證自己的經驗，因此只能認定這一切都沒問題，既然如此，他的痛苦一定也不存在。他自然而然地阻斷痛苦的感受，不明白自己在受苦。

他封閉一部分的自己，逐漸習慣現實一。正如希特勒仿效父親殘暴的行為，施暴者也效仿自己幼時遇到的施暴者，向他人施加言語暴力。

既然無法覺察自身感受（也就是自己所受的痛苦），施暴者便無法設身處地替他人著想，所以無法進入現實二。正如愛麗絲・米勒在著作《未觸碰的鑰匙》（*The Untouched Key*）中所說：

> 一個遭受不當對待的兒童，身邊是否有見證人可求助，會決定他將來是會成為加害者，把從小壓抑的無助感發洩在他人身上，抑或變得溫和敦厚，能夠辨識自己的痛苦感受。

施暴者認定自己的行為是正當的，也似乎不了解這些舉動對他人的影響，所以我們可以推測，施暴者是為了宣洩壓抑的情緒，才做出這些行為。他們追求支配權力，是因為他們感到無助。那些他們認定「不存在」、「不該感覺到」的無助與痛苦，其實是真的存在，倘若他們阻絕這些感受，就會做出傷人行為。

他們早在小時候就關閉這些感受，為了生存，他只能這麼做。儘管如此，他們的感受依然存在，他們將那個充滿情緒的孩子深深埋葬於痛苦的墳墓中。

這個內心的孩子受到否認的時間越長，憤怒越就多，從而導致施暴者的行為越暴烈。如愛麗絲．米勒所說：

> 只要他內在的孩子無法辨識自己的痛苦，他就會有一部分的感情持續受到凍結，也會持續對童年所受的羞辱感到麻木。
>
> 既然他不具備建立同理心、了解他人的必要條件，再怎麼努力向他尋求關愛、合作與體諒，都將白費。

基本上，縱使受害者向施暴者解釋哪些行為令他困擾，言語暴力也不會終止。向施暴者尋求同情也只是緣木求魚，因為施暴者根本沒有同理心。愛麗絲．米勒指出，若在孩子受苦時，有富同理心的目擊者幫助，孩子長大後才能發展出同理心。施暴者假如沒有同理心，便無法察覺伴侶的痛苦。

施暴者發洩內心壓抑已久的感受，將童年經驗加諸於另一個人身上。他阻絕了自身感受，勢必要透過某些管道抒發，因此迫使自己施加暴力。即便如此，他從小累積的痛苦與無力感也從未消散，反而與日俱增，暴力行為也逐漸升級。

每一次的傷害，都會短暫撫平施暴者內心的痛苦與無能感，使他感受到支配權力。他必須壓抑「不得存在」的深刻痛苦，導致他受潛意識驅使，不斷追求支配權力、掌控權與優越感。

除了無能感之外，許多男性施暴者也因為與母親分離，導致內心埋藏著深刻的內疚感。一般認為，無論男女，嬰孩最早認同的對象會是媽媽，不過男性必須完全切斷這份認同，才能真正成為男性。切斷關係導致他們產生內疚，尤其是若母子關係並不親密，這種情況會特別嚴重。

假如這些感受未獲妥善解決，男性可能會因與母親切斷連結而產生優越感，並且從此對女性感到輕蔑，藉此「合理化」他與母親分離的行為，減輕自己的罪惡感。

大體而言，我們可以假定，施暴者阻絕、否認了自己的各種複雜情緒。當他否定了自我的感受，也否定了他的自我。這麼一來，施暴者會變成什麼樣的人呢？在他人眼中，他「難以親近」。對他自己而言，他認為自己怎麼樣，自己就是怎麼樣的人；換言之，在他眼中，他就是「理想自我」（引自凱倫・霍妮）。

施暴者的自我感並不是建立於自身感受，而是源自缺乏個人權力的脆弱心靈。施暴者欠缺個人權力，因此不斷謀求支配權力，當他以言語傷害伴侶時，就會覺得自己支配一切、高人一等，某些施暴者甚至極度渴求支配權力所帶來的快感。

施暴者不只拒絕面對自己的感受，也拒絕面對自己的傷害行為。他所認知的理想自我，讓他否認了自己真實的動機、衝動與行為。舉例來說，極其緊繃、憤怒、狂暴的施暴者，也許會認為自己隨和溫厚；好批評又武斷的施暴者認為自己心胸寬大；習於輕蔑、冷漠的施暴者自稱全力扶持伴侶；常反駁、輕視他人的施暴者認為自己能夠接納不同意見。許多施暴者大肆施行言語暴力，卻以上述這些正面的話語形容自己，自我感覺良好。

施暴者能夠把對自己與人際關係的認知說得極其可信，使受害者深信不疑，這種接受與信任會加劇受害者的混亂。

許多受害者表示，伴侶的形象或「支配權力人格」會隨時間與情況而改變。一位受害者如此描述：「有時他板著一張臉，有時和顏悅色，有時一副不可一世的模樣，有時像個機器人一樣冷若冰霜，有時長袖善舞，有時衝動易怒，但在許多人眼中，他是個好好先生。」

施暴者否定自身感受，因此會衍生強烈的無能感，這通常會使他更為狂妄自大，進而更加蔑視另一半。然而，他無法透過傷害行為，恢復壓抑的情感。他誤將暴力得逞的狂喜與勝利當成活力與力量，需要不斷地加強自身的理想形象。

通常，即使從言語暴力升級到肢體暴力，施暴者依然不認為自己具有虐待傾向，就算已遭逮捕也是如此。施暴者對現實的否認，源於他的自我形象與虐待衝動之間的衝突，他否認是為了防止理想形象破滅，並避免潛在的自我認同危機。倘若他承認自己的行為，自我認同便岌岌可危，這就是為什麼言語暴力的施暴者從來不會真心誠意道歉。如佛萊明所說：

堅強的人能夠承認自己的弱點，自信的人能夠承認錯誤。內心脆弱自卑的人卻做不到這兩點……由於施暴者的內心極為脆弱，他們會更努力否認自身的感受，並把感受投射在周遭的人身上，最唾手可得的人選就是他的伴侶。

施暴者認同自己的理想形象，因此會一味否認自己的行為。施暴者就像《綠野仙蹤》裡的巫師奧茲，他一旦褪去偽裝，便不再具有駭人的支配權力，只是個驚慌失措的平凡人。然而，這不表示伴侶有辦法「幫助」施暴者。

施暴者為了支持理想的自我形象，往往會尋求他人的認同。和他人交談時，他們會假裝不經意地透露自己多麼支持伴侶、多麼愛護伴侶，無怪乎許多受害者經常會聽到朋友稱讚他們的伴侶。

施暴者否定自身感受，因此需要建構理想形象，既然如此，那些「不允許存在」的痛苦感受該怎麼辦？他會將這些感受投射在伴侶身上。

隨著時間流逝，典型的施暴者越來越不願意面對自我與傷痛。他的怒火、恐懼與自我厭惡在內心深處悄悄滋長，但因為他埋藏了所有感受，他無法辨識這些情感的來源。這些感受浮上檯面時，他會認定是伴侶引發的，這就是投射行為。

透過投射，他將所做所為全怪罪於伴侶，宣稱對方受到虐待全是自找的。這樣一來，受害者就會落入他從前遭受的困境中，遍體鱗傷，卻沒有目擊證人可求助。

對施暴者而言，伴侶只是自我的延伸。看到伴侶，他就會想起自己的負面感受與弱點，想起那些不允許存在、必須受到控制的情緒。於是，伴侶成為受他操控與壓迫的對象。

在施暴者的內心深處，其實非常害怕心中那個充滿情感的孩子，彷彿這個孩子糟到令他無法接受。不過，他們認為這種糟糕的感覺並非源於自身，而是伴侶。許多受害者表示，當他們告訴伴侶自己很受傷，對方會反過來指控：「你是說我很糟囉？」「你在攻擊我！」這些都是投射行為。一個沒有虐待或暴力傾向的伴侶，應該會深切關心並道歉，或是抱持同理心與伴侶溝通。

施暴者的生活是一場對抗投射對象的戰役，在他眼中，投射對象就跟他的內在感受一樣，絕對不容許存在。他無法認清伴侶的真實面貌，也看不清對方的現實。

了解施暴者對自身感受的壓抑、理想形象、投射與否認，我們可以發現，每一次傷害行為，都是施暴者為了捍衛自己，對抗內在的孩子，避免感受到憤怒、恐懼與無助，並且否認自己的行為。

基於防衛與自我保護的言語暴力

施暴者透過拒絕溝通來支配伴侶，並維持理想形象。他認為，假如坦誠內心的想法，會讓敵人有機可乘，或使自己被迫受到他人的檢視，然而他的理想形象過於脆弱，不堪一擊。如果對伴侶表達熱情，也可能會帶來同樣的威脅，因為這個舉動意味著他與對方處於平等狀態，從而抹滅了他的優越地位。假如失去了優越感的保護，他就必須面對一直不願接納的無能感。

拒絕溝通的施暴者藉由保持疏離，使對方感到渴求，來滿足自己的控制慾，使自己感覺更有權力。如果他無動於衷的態度成功澆熄伴侶的熱情，他更會覺得自己高高在上。

同樣地，他也會反駁伴侶的意見，藉此保護自己。他宣稱自己是對的，伴侶是錯的，這樣一來，他自認成為贏家，更有力量、更有掌控權。

要是他說「我認為」、「我相信」或「我的看法是」這類言詞，就會打消他勝利的可能性，還會導致雙方的看法或經驗能夠共存。這對施暴者而言是絕不能容忍的事，因為一旦伴侶抱持與他相左的看法，他就失去了對伴侶的控制。由於伴侶是他的投射對象，因此他亟需確保自己的控制權。倘若他感受不到掌控權，他所認知的現實便會遭到打擊。

施暴者放任自己任意宣洩壓抑的情緒，減低傷害行為的影響，來保護自身的理想形象。這時，減低重要性的行為就是非常重要的防衛手段。

施暴者藉由迴避與轉移話題，來控制受害者對於這段關係所認知的現實。施暴者徹底迴避當下的話題，不讓對方有機會認清傷害行為。這麼一來，施暴者得以維持理想的自我形象，緩解內心潛藏的無能感。施暴者主導對話的需要可能極為強烈，有些施暴者會氣憤地說：「我不知道你講這些是要做什麼！不要再說了！」

指責、怪罪不僅是施暴者的防禦手段，也是投射行為的重要特徵。施暴者為了避免承擔自身行為的責任，捍衛理想形象，而將自身的感受怪罪在伴侶身上，要伴侶承擔責任。譬如，他以言語攻擊對方時，會宣稱「都是因為對方做了什麼」，以「合理化」傷害行為。

他們保護自己的另一種方式，是批評、論斷對方。透過宣示自己的優越地位與「正確」，施暴者更進一步鞏固自我的理想形象及防衛機制。

至於以玩笑掩飾言語暴力，則是一種滿足支配權力的手段。這是種隱晦的惡意攻擊，如果受害者表達不滿，施暴者就會反過來指控「你開不起玩笑」，將責任全推卸給對方，讓施暴者自認更有力量。這是種毫無風險的肆意攻擊，在受害者毫無防備時造成傷害。施暴者的「勝利」無庸置疑，也再次打擊敵人（他的投射對象）。

宣稱對方做的事無關緊要、削弱、威嚇及辱罵，都是施暴者為了抵抗內心壓抑的無能感而採取的手段。這是一種貶低、詆毀伴侶（投射對象）的權力遊戲。

隨著施暴者的投射日漸強勢，施暴者將受害者視為自我的延伸，恣意操縱，認定受害者必須服從命令。只要他保持對投射對象的控制，就會感到安全，不受內在感受所侵犯。

有些施暴者也會佯裝遺忘之前發生的事，做出帶有敵意的舉動，事後又將自己的行為推卸得一乾二淨，來捍衛理想形象。

每一種形式的傷害行為，都否定了施暴者內心受傷的孩子，以及他具有敵意的行為。施暴者藉由否認，讓自我的理想形象屹立不搖，維持對伴侶的投射，並且避免為自己的行為和後果承擔責任。

除非施暴者願意真實面對自己，否則他就無法辨識自己的缺憾。假如他真的能夠好好檢視自己的內心，面對內在的「洪水猛獸」，他會發現自己一直以來費盡心思，只為了壓抑感受，卻無法好好過生活。除非他主動尋求治療，改變自己，否則他永遠不算是真的過生活，他所認知的自我也只是一個空泛的概念，這是所有施暴者最大的悲劇。

第十六章　壓力與言語暴力

有時候，你得非常了解一個人，才會發現你們其實一點都不了解彼此。

——瑪莉・泰勒・摩爾（Mary Tyler Moore）

一段言語虐待關係中，失業、未知與失敗所造成的壓力，經常使言語暴力加劇。這些壓力非但無法促使雙方同心解決問題，反而加深隔閡。言語虐待關係一旦面臨外在的不良因素，通常會更加惡化。

我訪問過世界各地的受害者，他們都表示，伴侶面對挫折（甚至只是潛在的失敗）時，會變得更暴躁、冷漠、愛指控與怪罪。

無論何種情況，伴侶總是被當成罪魁禍首。為什麼？因為施暴者將自己所有的不快樂都視為伴侶的責任，所以可能會更憤怒、更沉默寡言、更愛指責怪罪、更常批評脅迫。更甚者，他們不太可能與伴侶理性溝通問題，因為他們一向不把伴侶當成獨立的個體，而是用來滿足自身需求的附屬品。施暴者認為，如果自己遇到財務困難，伴侶應該解決困境；如果失去了親人，伴侶應該安慰他們、讓他們好過一點。

最後，壓力會使施暴者更無法克制自己的情緒，也因此更依賴伴侶。當伴侶不符合他們投射的自我時，他們會愈發焦慮。他們期望伴侶知道該說什麼、該做什麼，甚至該知道他們在想什麼、需要什麼，會說：「你知道我要什麼／說了什麼／你自己做了什麼。」

假如以平等的態度對待伴侶，就表示承認了對方的自主性、獨立性及自我。這對施暴者來說無異於自殺，因為他將自我投射在伴侶身上，所以伴侶就是「他的一部分自我」，是他未經整合的一部分。倘若他真誠跟對方溝通，就會失去一半的自我。

因此，施暴者不會與伴侶討論自己的恐懼與感受、一起尋找解決方法，而是會使問題加劇，進而在關係中引發更多焦慮和壓力。如果他們育有孩子，施暴者的行為也會對孩子造成負面影響。

上述原因說明了施暴者為何不向伴侶尋求情感支持，反而會施加更多傷害。一個充滿控制慾的人並不想要伴侶的情感支持，而是會怪罪對方，他否認現實，也因此脾氣更加暴躁，或者挫折感更強烈。

無論是面對外顯的傷害（暴怒、吼叫、辱罵）或隱蔽的傷害（暗中貶損、詆毀），在一段感情關係中，當受害者再也無法忍受另一半的行為時，通常唯一的解決之道是訴諸離婚。即便施暴者承諾改變，但有時候受害者的創傷過深，難以維持這段關係（當然，如果雙方有小孩，監護權會是很艱鉅的難題）。假如受害者不認清言語暴力，他可能會認為自己必須為沒有說出「對」的話、做出「對」的行為而負責，畢竟所有的言語暴力都帶有憤怒或責備。

以下的案例顯示了失敗及不確定性會造成言語暴力加劇，有些受害者發現，若伴侶在外工作，自己還能稍微喘口氣，但若伴侶失業，整天待在家，受害者就連喘息的空間也沒有了。

活在恐懼中

以下是茱莉的故事：

經濟不景氣對我家影響很大。我先生丹整天在家，每天都是，我一刻都不得休息。我很怕他，但又無法離開他。

今年年初，他遭到解僱。在此之前他已經失業很多次了。後來，他決定在家工作，所以每天都待在家裡。所有家務都由我負責，無所不包。雖然如此，他卻越來越常用言語傷害我，說我沒用，還威脅打我。所以我真的很怕他。

到現在，我仍感覺得到身體的疼痛。儘管丹已經好幾年沒打我了，但他不斷透過其他方式來維持對我的「支配權力」，所以肢體暴力的威脅從未真正消失。在一起的這些年來，我從未真的感到安全過。我的夢境也反映了現實，每次我夢到丹，都夢到他要打我。如果有什麼事可以傳達我對經濟不景氣多害怕，那就是我的夢境。自從他今年年初失業以來，我越來越常尖叫著醒來，或是在夢中感覺非常恐懼，次數比過去幾年加總起來還要多。我懼怕的是我不知道哪些事會惹惱他，每天都得活在這樣的陰影下。之前他去上班，我至少還有幾小時可以喘口氣，但現在我隨時都處於緊張狀態，生活變得更糟了。

有段時間，我以為只要夠努力，就能贏得他的愛。我不懂問題出在哪裡，直到我認清他會對我施加言語暴力，這一切都是為了控制我。

現在，我不知道自己要怎麼撐過去。想離開他，我就必須想辦法接受職業訓練，否則只能靠最低薪資過活。我發現，要在不受他命令與干擾的情況下做家事，簡直困難重重。之前，我從來沒發現他工作或出差的時間對我來說有多寶貴，只要他在，我就無法思考。我好像一直在找機會離開家。和他談話時，我知道哪些話題可能會激怒他，所以我很努力避開。我努力不讓自己被孤立。丹總是意圖破壞我與朋友的關係，想盡辦法孤立我。我學會隱瞞我的交友狀況，裝出一副我被孤立的樣子。由於他在家工作，我想跟朋友聯絡比以前難得多。不過，偷偷與朋友來往總比承受傷害來得容易。

往好的一面想，至少我現在知道，打從一開始，我的直覺就是對的，我們的關係一直有什麼不對勁。現在，我知道問題從來不在我身上，現在我可以著手擬定自救計畫。

我知道你聽過許多受害者的故事，我們的經歷大不相同，某方面來說卻又十分相似。正因如此，我們可以從彼此的故事中得到安慰與理解。

茱莉的故事十分典型，尤其是丹試圖孤立她的行為，言語暴力的加害者經常孤立自己的伴侶。施暴者與非施暴者之間，唯一的不同之處似乎在於，前者完全藐視公理的存在。

經濟困境加深受害者的恐懼

寶琳向我訴說，經濟壓力如何影響她的關係，令她面臨極大的困境。

經濟問題深切影響我跟丈夫的關係。假如財務出狀況，我真的不知道他會做什麼。過去三年來，他一直嚷嚷著自己會被資遣，但其實從我們開始交往，他就這麼說了。他利用這種恐懼，當作發脾氣和做出不當行為的藉口，情況越來越嚴重。

在接觸你的書、加入互助團體之前，我一直相信他。現在，我知道這不是他傷害我的理由。不過，我擔心要是離婚，自己的經濟會出現問題，我付不起每個月的房貸、車貸、托嬰費、保險費和其他開銷，他一定會跟我爭奪孩子的監護權。在我居住的州，言語暴力不算虐待，我跟兩名律師談過自己的情況了。法院通常認為丈夫願意「分攤照顧孩子」很好，通常只要有申請就會獲准。說實在，分攤一半的責任就跟沒分攤差不多。

每次我們討論財務或其他問題時，有任何不對，都是我的錯。他會不問我意見就擅自做決定，之後要是他的決定出錯了，他就怪我，說我沒有解釋清楚，好像我都知道他在幹嘛一樣！

他把所有事情的責任都推給我。購買家用品時，東西都是他挑的，而我非同意不可。如果我沒有立刻同意，他就吵到我同意為止。假如買到不好用的東西，他就會怪我，因為我當初同意他買，沒有阻止他，或是沒有指出不好用的地方。

施暴者習慣責怪伴侶，他認為伴侶「應該」要確保他的世界是美好的，避免他犯錯，就像有求必應的母親滿足嬰兒的任何需要一樣！

施暴者承認行為不當，卻更肆無忌憚

卡拉寄來的信中寫道：「我想談談在經濟不景氣的這些年來，我那位會言語暴力的先生發生了什麼轉變。」

與許多施暴者不同，她先生喬治知道自己有虐待傾向。他承諾會改變，也曾閱讀相關書籍，但他的決心隨著經濟不景氣逐漸消退。相關書籍中描述了許多改善關係的必要條件，但他沒有做到任何一項，不但如此，經濟壓力很快就使虐待行為加劇，彷彿他越能支配卡拉，事業就能越成功。

卡拉描述：

我先生是個施暴者，但僅限於言語暴力。他知道自己有言語暴力的傾向，也屢次承諾會改變。工作上，我們一起創業，兩個人都簽了合約，公司的記帳事宜都由我負責。

最近，客戶表示，等六個月後約滿不會再和他續約（這是他全部的收入來源）。我立刻意識到，這麼一來，和他一起生活會變得更加困難，所以我馬上跟家人朋友說這件事，先讓他們有心理準備，萬一我之後離家，還能有個棲身之地。

卡拉及早將狀況告知親友，是非常明智的舉動。主動把虐待情形告知親友非常重要，否則未來親友突然聽聞，不但會大為驚訝，可能還會不相信你。受害者可以記錄傷人的言語，這樣不僅可幫助自己更了解傷害的本質，也能讓他人知道傷害行為確實存在。

不幸的是，卡拉的先生投資失利，負債累累，卡拉也因此失去許多資產，陷入困境，無能為力。由於先生的錯誤決定，經濟不景氣對卡拉造成更強烈的負面影響。

卡拉遭受的言語暴力幾乎涵蓋各種類型，而且隨著財務壓力與日俱增。她如此描述先生的行為：

他最常做的傷害行為應該就屬「憤怒成癮」與「辱罵」了。他罵的話難聽到我都難以啟齒。我覺得自己被困在這段關係中。如果我們還保有之前的經濟來源，我就能獨立維持自己的生活，可是現在我一點機會也沒有。

我與先生討論過他的言語暴力，他也知道自己不應該加劇傷害行為。他要我在他快失控的時候提醒他，但是，一如預期，這種方式並不管用。他的合約還剩下一半的時間才到期，他的言語暴力行為就變本加厲，甚至態度變得更惡劣，他還大言不慚地說：「我就是想看你會有什麼反應。」

我們再也無法溝通，他想發表意見時總是暢所欲言，我回應了卻置之不理，不是打斷我的話、宣稱他要說的比較重要，就是說「我沒時間跟你講這些」然後直接走掉，完全不顧我還在說話。

如果我試著和他分享一天發生的事情或某些經歷，他要不是會打斷我的話，說自己還有別的事要忙，就是乾脆忽略我正在和他說話。假如他乖乖留下來聽我講話，一定也沒在聽我說，因為他的回應毫無意義可言。每次談不到幾分鐘就結束，他總是不耐煩。

由於要養家，我後來每天晚上跟週末都在工作。他就算知道我在忙，還是會命令我陪他一起看電視，如果我不肯，他就會火大。他看的影片我一點興趣也沒有，所以我等於在他旁邊枯坐兩小時，不僅浪費時間，也為了工作還沒做完而感到焦慮。我覺得自己失去了行動自由，但這是我唯一能避免他發脾氣指責我的方式。

我覺得非常孤單。我真的很想嫁給一個願意傾聽我、耐心與我溝通的人。外出時，如果我先生開車，他也不肯讓我在一旁看書、午睡或做其他事，他說我應該陪他聊天。不過，因為我們無法溝通，所以車內往往一片靜默，有時還會持續好幾個小時。

如同許多經歷言語暴力的受害者，卡拉日復一日承受伴侶不願傾聽、不願回應需求的痛苦。通常，這種男性在結婚前不會顯露虐待的特徵。不過，卡拉正在等待時機，擬定計畫，等到選擇增多、經濟好轉，就離開施暴者。

不要再猶豫了，立刻想辦法離開他

大多時候，等待時機並不是最好的做法。格爾達辦離婚時，恰好遇到經濟不景氣，可是她選擇承擔財務損失，藉此脫離必須承受言語暴力的生活。她回憶道：

如果我有辦法撐到房市回穩再提離婚，就能要求分配我名下房子的一半價值，可是那樣一來，就必須等到我們賣掉房子。我無法想像必須為了等房價回穩，與前夫繼續多生活一兩年。我付出了龐大的損失，但我逃離了他的魔掌。

我要的不多，因此他願意花錢打發我。他拿出房屋抵押貸款的契約，分配給我的財產縮減過，我也簽名了。我分得的財產遠不及房價的一半。如今，我已經快一年沒和前夫聯絡。要是我當初不接受這樣的安排，那我現在就會一毛錢也沒有，仍在巴望著把房子賣掉，癡癡等待展開新生活的那一天。

格爾達清楚自己有能力度過財務危機，因此選擇了自由，這對她而言比金錢還重要。然而，對某些受害者來說，等待時機做好計畫仍是必要的。

損失多少不重要，離開才是重點

莉莎分享自己的故事，希望能幫助其他受害者。她受丈夫蓋瑞脅迫、操縱，還被他的花言巧語哄得一愣一愣，失去了一切。她以為對方會感激她的付出，不料蓋瑞竟把自己的失敗怪罪於她，言語暴力的情況越來越嚴重。

莉莎與蓋瑞結婚之初，並未出現言語暴力的情形，他態度誠懇、相貌堂堂。婚後不到短短幾年，他就說服莉莎把她的房子賣掉，與他一起買新房。莉莎的薪水高了蓋瑞兩倍，她幫忙償還了蓋瑞的債務、車貸及其他新玩意的花費。不久，他們生了兩個孩子。

此時，莉莎遭到公司裁員。蓋瑞依然花錢如流水，工作也一個接一個地換，最後把莉莎整整二十萬美元的退休金花個精光。他將這些錢拿去投資新事業，不料血本無歸，使得夫妻倆與公司雙雙破產，莉莎淪落得一無所有。

她描述了一段我早已司空見慣的經歷：

當我向蓋瑞指出他不該做出傷害行為時，他卻指責我應該多幫他分擔一些事，根本不顧我撫養孩子、經營事業、對他付出一切，還想盡辦法存錢。

我們正式創立公司前的那段日子，他的言語暴力最為嚴重。他把壓力宣洩在我身上，我徹底孤單一人，所以他更加肆無忌憚，那次經驗真的很慘。後來，我的表弟來家裡幫忙設定電腦，結果蓋瑞瞬間變了個人，他說變就變的態度令我毛骨悚然。我表弟有幫我們分擔一點財務，所以蓋瑞需要巴結他，等到表弟一離開，他立刻故態復萌。

我曾盼望我有份體面的工作，這樣我就可以直接提離婚，永遠擺脫他。我明白金錢就是力量，早知道就多存點錢，沒錢真的讓我進退不得。

之後，我恍然大悟，意識到只要繼續和他在一起，情況永遠不會好轉。他在拖累我，拖著我一起沉淪，如果我不離開他，遲早會無法翻身。

於是，我決定不計任何代價都要離開他。在我提出離婚前夕，我的工時被砍半，蓋瑞的言語暴力變得更嚴重。我猜想他會加劇傷害行為，是因為他以為我無處可逃。無論如何，我還是成功了。儘管生活拮据，我還是湊出一些錢訴請離婚，順利逃離這段關係。

現在，我的財務狀況很差，但我相信自己可以東山再起。他榨乾我的一切，就連在離婚過程中，他依然要求更多。我不認為他是心理病態，但他似乎具備一些類似的特質。這段婚姻使我一貧如洗，信用不良，還得養育兩個孩子。根據本州的法律，他不須負擔孩子的教育費用。離婚後，他住在高級公寓，坐擁先進的高科技設備與名牌衣服，還能和朋友吃飯玩樂。真希望我能保住自己的房子，還有裡頭一半的財產。

如今，我仍在試著原諒自己過去十年來所做的錯誤抉擇。這是一段艱辛的路，我非常懊惱，悔不當初。我很後悔當初把退休金全給了蓋瑞，現在回想真是愚蠢。只是，我當時覺得自己必須支持他，畢竟這不就是妻子應該做的？最令我悔恨的是選擇嫁給他，忍受他這麼久以來的傷害。

我已經來到谷底，情況只會變好，不會再壞了。

一個擅於操縱、不擇手段的施暴者有可能極為迷人，甚至會對自己過往的不當行為表達歉意。為達目的，他可以對伴侶說任何甜言蜜語，用貌似有理的言詞說服受害者，玩弄受害者的同情心。

在他人協助下結束虐待關係

即使面對排山倒海的阻礙，納汀依然成功離開伴侶。她曾有一段時間遭遇嚴重虐待，後來在朋友與家人的協助下，結束了這段關係。以下是她的遭遇：

我因為一次受傷，變得行動不便，失去了工作和一切。離婚之前那七年，前夫利用我的傷殘津貼過活。只要我仍行動不便，有錢可領，他就不找工作。他有能力找工作，卻賴在家裡不出門。

這段時間，我淪為他的女僕、管家、廚師、打雜和出氣筒。他不但不感謝我的付出，還批評東批評西，指使我做牛做馬，又在旁邊搞破壞。我覺得他是故意讓我忙碌不堪，這樣萬一我痊癒了，也沒時間找工作。只要我稍微觸犯他的原則，他就會暴怒大吼。他總是怒氣沖沖，看什麼都不順眼。

我的生活就像走鋼索一樣戰戰兢兢。儘管他口口聲聲說愛我，但我非但不期待與他相處，反而開始珍惜他與朋友遠行或到酒吧鬼混的時光。

我傷得很重，做家事非常困難，也無法運動，體重節節上升。前夫羞辱我變胖，利用我的殘疾奴役我，自己則跑去玩樂、開派對、在外酗酒。我很想離開他，卻不敢行動，因為我不認為我能養活自己。

我每天都想自殺。

最後，幸虧家人幫了我許多忙，也非常鼓勵我，我離開了前夫。無論前夫再怎麼想辦法孤立我，他們還是愛我。由於前夫的洗腦，我覺得自己不配擁有任何東西，一文不值。

離開他之後，我變得快樂多了。我發現我可以養活自己，我與家人們重修舊好，令他們欣喜萬分。我大部分的傷逐漸復原，也慢慢走出離婚的陰影。我找到一份很有挑戰性的好工作，我覺得為它賣力非常值得。

只要脫離了陰險狠毒的言語暴力，就能迎接美好的生活。最重要的是，要認清自己處於言語虐待關係！

大部分受害者所受的傷害經常不為人知，一定要向親朋好友或互助團體尋求協助。此外，也應該像納汀一樣，設立目標，抱持決心與信念，一步步前進。

我的是我的，你的也是我的

一些惡劣的施暴者會操控伴侶的收入。有些國家採取夫妻財產共有制，夫妻在婚姻關係中的所有收入，皆由雙方平分。請諮詢律師或會計師，如果你不清楚名下是否有任何共同基金或債務，就有可能失去自主權和自由。

控制伴侶財產的施暴者

所有的言語暴力都是謊言，對許多施暴者而言，這種謊言只是偷竊的手段。某些控制慾強烈的人為達目的不擇手段，因此，我強烈建議任何正打算夫妻財產共有的人先諮詢律師，以白紙黑字載明雙方的協議。假如你沒有與伴侶明定協議，就可能會遇到類似凱特經歷的情況：

我向會言語暴力的丈夫泰勒提離婚，但因為財務因素，過程並不順利。事實上，他的謊言害我面臨財務困難。

我們結婚五年，一直在尋找未來退休養老的地方。我看中一棟漂亮的房子，非常適合他的興趣與嗜好，所以決定買下來。我十分開心，認為這棟房子能讓他的生活更好，他會擁有真正想要的東西。當時，他剛從另一州搬過來，沒有工作。我賣掉自己的房子湊了頭期款，還向兩家銀行貸款。他向我承諾，他會賣掉他自己的房子，付清第二家銀行的貸款。但是，他食言了！

泰勒賣掉房子之後，他宣稱需要幫家人籌錢。後來，我發現這是個謊言，憤而離開他。我已經忍受他的言語暴力、長期失業、外遇，他的謊言是最後一根稻草。結婚期間，他只工作了一年。現在，我才認清他只想靠女人養。

因為經濟不景氣，我們必須認賠賣掉新房子，如果不賣掉也付不起房貸。經過幾個月的掙扎，我終於說服泰勒同意賣房子。

之後，有人出價買我們的房子，但泰勒考慮了十天才接受。他不認為自己有義務承擔虧損，就算房子登記在他名下！相信我，如果賣房子能賺錢，他一定二話不說同意出售。

想當然耳，他把虧損都怪在我頭上，根本不提他撒謊說會繳清第二家銀行的貸款。

泰勒對我予取予求，似乎非常得意。他把快樂建築在別人的痛苦上，也因此竭盡所能地折磨我，這一切簡直是個噩夢。我覺得自己很幸運，擁有一份好工作。如果沒有工作及好友的支持，我真不知道自己能不能走過來。

我真的不知道，其他缺乏資源的受害者要怎麼離開伴侶……我想，也許多數人都沒有成功。

凱特的故事，是與控制慾強烈的伴侶共同生活的典型案例。這種人通常會反對伴侶的每一項請求，任何跟他有關的事，都會演變成一場拉鋸。

施暴者的否認加劇了財產損失

許多施暴者（也有人會說他們是控制狂）遇到財務困難，會刻意隱瞞伴侶，非但不與對方商量，還矢口否認，甚至花得更兇。這些人與繳不出房貸的泰勒一樣，有可能毀了伴侶的生活、保障與信用。

蘿莉也有類似經歷：

我先生一直都有虐待我和兒子的習慣，出手毫不留情。另外，他經常借錢打腫臉充胖子，對外維持大企業家的形象，令外人以為他地位不凡。他不但會對我施加言語暴力，也在財務上竭盡所能利用我。我在他身上賠了許多東西，他揮霍的都是我辛辛苦苦掙來的錢。

要是我早點認清他的真面目，絕不會和他一起簽下貸款。有一天，他把兒子罵得一文不值，隨後又向他借了兩百美金，那筆錢還是來自兒子的傷殘津貼！這件事真的令我很難過，也印象很深刻，因為那筆錢是我好幾年前幫忙申請的。

在離開他之前，我不可能擁有穩定的生活、安全感與心靈的平靜。

有數百萬名受害者的財務遭到伴侶拖累，蘿莉只是其中之一。在經濟不景氣時，這些男人通常花錢更不眨眼。

某些施暴者會否認自己財務困難，不斷累積債務，花錢如流水，凱倫的先生就是個典型的例子。凱倫起步中的事業受到影響，加上丈夫的操縱，令凱倫感到陷入困境。以下是她的經歷：

我先生布蘭登有很強的控制慾，就連我九十歲高齡的父親生重病，他也不願意替我付機票錢，讓我回鄉探親。要是不馬上回去探望父親，可能以後再也見不到他了，就算看到他的人，他可能也不記得我是誰。布蘭登願意花錢飛回家探望自己的父親（他父親與我父親相比健康得多），卻不願意幫我出錢，讓我見父親最後一面！

經濟越來越差，我光靠自己是負擔不起機票的。我向布蘭登求助，他如我所料拒絕了。他會把支票藏起來，只付房貸與汽車保險的一小部分。我問他的時候，他打死不承認經濟很差，大肆亂花他的收入，累積了一堆卡債，還試圖把我蒙在鼓裡。

我正在發展新事業，也在開發新客戶。待遇雖然不如在公司上班，但我希望能做一輩子。

最令我困擾的是，他很喜歡否定對我而言意義重大的事物。我迫於財務因素，無法離開這個男人，即使我提出的要求十分合理，有時甚至是有急用，他仍然會掛著沾沾自喜的笑容對我說不，這讓我壓力非常大。

我的夢想是開創事業，幫助其他有類似遭遇的人逃離這種陷阱。不過在那之前，我必須拯救自己，偏偏目前的經濟狀況對我不利。感覺我陷入了無止盡的虐待循環。

這樣的生活令我精疲力盡。我跟其他受害者一樣，以為自己有問題。我翻遍談論自救的書籍，渴望找到出路。布蘭登很擅長對我洗腦，讓我相信是自己「太敏感」、「要求太多」，我開始覺得自己不配擁有任何事物。

最後，我終於認清現實，明白自己遭受到了言語暴力。從今以後，我要遠離任何武斷定義我自己、我的想法、我的感受的人。即便對方在婚後才表現出虐待傾向，我都會毅然結束關係，因為我知道往後情況不會好轉。

現在，我已經擬定結束關係的計畫。一旦離婚，我可能會因為前夫的債務，必須宣告破產，但我相信我做得到。我能度過難關，也能幫助其他人脫離痛苦的生活！

即使經濟情況好轉，受害者也需要很長一段時間撫平傷痛，他們的傷痕無法抹滅，唯有時間能夠痊癒。

第十七章　當非理性行為走向極端

被人譏諷似乎不比遭到忽略來得難受……冷漠才是最傷人的行為。

——江本勝（Masaru Emoto）

我們也能根據施暴者的「瘋狂」程度，來識別言語暴力。以下先來看看，受害者通常如何回應外顯／隱蔽的言語暴力。

回應外顯或隱蔽的言語暴力

外顯的言語暴力最容易識別，譬如辱罵。其他類型的傷害則較難辨別，也因此更為陰損。若施暴者以惡毒的言語大肆辱罵，例如：「你這個無知的婊子！」受害者可能會直接回應：「喂！不要這樣罵我！」相較之下，隱蔽的傷害則會使人產生混亂，當施暴者說：「你不是真的想要這樣。」受害者聽了，通常會回答「我真的想要」或「為什麼」，而不是：「不要替我決定我不想要什麼！」

當然，若你的對象是明理的人，當你解釋或辯駁：「這就是我想要的！」對方往往會回答：「喔，抱歉，是我想得不夠周全。」或「我不是有意那樣說，我是想問你為什麼要這麼做。」然而，施暴者並非理性的人。倘若你已經試過理性回應卻沒有效果，請認真思考他是施暴者的可能性。對施暴者來說，你的解釋就等於爭辯或想吵架。曾有一名施暴者告訴我：「我一直覺得，既然要吵架，就要出動自己最強大的武器，不是嗎？」

這位施暴者總是反駁妻子理性的解釋，我向這位施暴者說明，這既不是爭執，也不是吵架。爭執是雙方各執一詞，理性爭辯。解釋更不是吵架，「我真的想要這樣」純粹是一種解釋，是一個試圖修復關係的行為，受害者的意思是：「你想錯了。我要的是這個，不是那個。」

有位名叫齊克的施暴者會使用各種形式的言語暴力，總是以言語攻擊他的伴侶明蒂，有一次明蒂沒把孩子的玩具收起來，齊克回家時看到，罵她「懶惰」、「無藥可救」。明蒂解釋，她忙著照顧發燒的孩子，還要載另一個孩子參加派對，所以沒時間把玩具收好。雖然如此，齊克依然沒有向她道歉，持續用不理性的方式回應她。

以下列出幾種對於辱罵的回應方式：

- 「我不想再聽到任何罵我的話。」
- 「嘿，你又不是我，你不懂我的想法，不准再擅自評斷我。」
- 「可以請你再說一次嗎？」

使用第三種回應時，受害者最好故意拿出一個小型錄音機，會最有效。施暴者大概不會再說一次，下次想要辱罵時，也說不定會遲疑。施暴者會叫對方「關掉錄音機」，若受害者拒絕，他有可能變本加厲，這表示他默許自己說的話被錄音存檔。施暴者也可能轉身走人。如果施暴者失去理智、有危險性，受害者必須自行判斷哪種回應方式最安全。

在上述例子中，明蒂解釋自己為何沒有收好玩具時，是想讓齊克明白他說的不是事實，畢竟他出言攻擊明蒂「懶惰」、「無藥可救」。她試圖修補雙方的關係，希望對方聽她解釋之後能夠道歉，甚至幫她整理東西。

不過，齊克並未這麼做。惡意的言語傷害了他們的關係，打擊明蒂的精神。從齊克的角度而言，如果擊潰明蒂，他就更能控制她。

另一個案例中，湯姆經常對妻子貝琪頤指氣使。在那些情況下，貝琪最多只能回應：「請不要把我當成小孩。」

貝琪的最終目標，應該是要做出有力的回應，譬如「不要命令我」，或是：「我不接受任何命令，你又不是我老闆。」

言語暴力的程度

在本書中，我們已從兩個角度討論過言語暴力：

一、各種言語暴力的類型。

二、施暴者如何定義受害者及其想法。

現在，我們再從第三個角度探討言語暴力：

三、施暴者的行為有多麼瘋狂、無法解釋、不可理喻或不理性？程度有多嚴重？

事實上，任何一種程度的言語暴力，或多或少都會傷害我們的精神。以下分類旨在幫助讀者認識不同類型的言語暴力，並且了解施暴者是多麼不理智。

程度一　否認與逃避

否認與逃避均為典型的傷害行為，當施暴者輕視、駁斥伴侶的經驗，就是在否認與逃避。

打消重要性、轉移話題、貶低、怪罪、遺忘、駁斥或假裝開玩笑……等行為，都建立在否認的基礎上，都是不誠實、懦弱的表現，因為施暴者不願意對自己說的話或做的事負責，只會逃避問題，不承認伴侶的經歷：

- 「這有什麼大不了。」
- 「是你的錯。」
- 「你在小題大作。」

若是受害者反駁，他會否定對方的認知：

- 「不，是這樣才對。」
- 「才不是那樣。」

或者，他會直接否認自己的行為：

- 「我們沒有談過這件事。」
- 「這件事沒有發生過。」
- 「我不知道你在說什麼。」

這種程度的傷害行為，目的在於維持現狀或自己的「支配權力」，讓伴侶更習慣承受傷害。否認是懦弱、不負責任的，但不一定會被當成不理性的行為，也就是說，否認往往是有理由解釋的。施暴者拒絕承認自己的行為，並否定伴侶的認知。

然而，否認依然是製造瘋狂的行為。如果受害者不明白，施暴者做出這種不理智的行為，是因為想逃避責任、害怕他人識破自己的行徑，受害者就會認為是自己的問題：「也許我真的有問題。如果他沒有那個意思，看起來也不介意，那也許我應該默默承受。」

如此一來，受害者會經歷更多折磨，施暴者也不會從外界得到誠實的回應，可能絲毫不會意識到這種行為不妥。

是否認，還是有人格分裂？

如果施暴者的否認行為不是單純的否認，那麼有可能是患有人格分裂症。假如施暴者真的想不起不久前發生的事件，表示他可能發生了解離現象。對此，梅約診所（Mayo Clinic）說明：人格分裂症患者會「在非自願的狀況下，以不健康的方式逃避現實，症狀包括健忘與多重人格。會發生人格分裂，通常是因為患者遭遇重大創傷，不願面對痛苦的回憶」。

程度二　憤怒成癮與辱罵

施暴者勃然大怒、謾罵對方，通常是因為他未能得逞或期待落空。這種程度的傷害類似於小孩鬧脾氣，施暴者會聲嘶力竭地辱罵對方，氣得面紅耳赤，亂砸東西，有時甚至會動手動腳。他們的情緒管理能力，似乎只有兩歲兒童的程度。相較於表現得不可理喻，施暴者更常動怒，不過生氣的原因可能只有他自己才知道！

喬伊對我說：「我剛看完另一本談言語暴力的書，現在終於知道我為什麼會動手打另一半了！」

「為什麼？」我問。

「我以為史蒂芬妮走進來是要幫我的忙，結果她只跟我打了一聲招呼，然後低頭看信件。我大發雷霆，把她推到地上。」

這種情形與齊克的反應一樣，齊克見妻子沒收好玩具便怒罵她，因為她沒有扮演好附屬品的角色。他就像無法順利控制木偶的操偶師，那條控制「妻子木偶」的線斷了，他失去了操控她的工具，因此大為光火。

程度三　命令與脅迫

命令、威脅與恐嚇是施暴者暴怒之後的進一步動作，意思是「不照我的意思做，你就得付出代價」。命令與脅迫是一體兩面的，均帶有恐嚇意味。齊克會對妻子呼來喚去，是因為他從來不明白，應該以對待自己的方式對待別人。他的行為源於深刻的無能感，因此，當伴侶沒達到他的期望，他就憤而威脅對方。他不必明說「如果你不讓我滿意，我就會生氣」，受害者永遠會感受到威脅，只要他覺得不如意，就會狂怒地持續傷害對方。

某些施暴者以離婚或其他懲罰要脅，來滿足自己的需求。有些人控制伴侶的經濟，並用金錢當作誘餌，指使與操控對方。

習慣命令、威脅的施暴者會做出蠻橫、嚇人的舉動，但一般而言，這些行為都是經過算計的，他們的伴侶也可能看穿他們的真正目的。

這些言語暴力者無法禮貌地提出請求。假使這麼做，就是賦予伴侶拒絕的權利，讓伴侶能夠切斷他操控的繩線，脫離他的牽制。倘若施暴者失去了附屬品，又該何去何從？

面對這個程度的虐待，受害者成天提心吊膽，許多人更是只能與恐懼為伍。

程度四　削弱

削弱的行為，通常是以指控的形式展現。指控與所有言語暴力一樣，是施暴者向伴侶撒的惡意謊言（若向他人指控伴侶，則是毀謗）。指控是論斷與批評的一部分，施暴者評斷伴侶，接著大肆批判，指控對方做錯事或有錯誤想法。

指控通常是無法預期的攻擊，總是令受害者措手不及，既不是因談話、問題或爭執而引發，也絕不是「你愛我嗎？」這類的問題。

基本上，指控會將受害者的動機與行為解讀成完全相反的意思。施暴者指控對方，不一定是為了否認自己的行為、發洩怒氣或命令對方順從。他們極為不理性，不只是內心脆弱、想法幼稚、自我中心與任性。這種形式的言語暴力，意圖摧毀受害者的核心精神。

請注意，這種極為有害的虐待行為一旦發生在伴侶關係當中，就會持續出現。以下是一個指控的案例。艾與畢正在裝潢新家，艾問：「你想把畫掛在哪裡？」這幅畫是結婚禮物，已經擱置好幾個星期。每隔一段時間，艾就會問畢：「把畫掛在這裡好嗎？」但每次畢都回答：「我不知道。」最後，艾乾脆自己將畫掛在合適的地方。過了幾天，畢對她說：「你記得那幅畫嗎？你根本不管我的意見，就掛在你中意的位置。你就像平常一樣，把我壓得死死的。」

這種指控對受害者造成極大傷害。假如受害者試著解釋（「我問你想把畫掛在哪裡好幾次了」），只會招來施暴者再一次的指控，例如：「你每次都要吵贏！」「你只在乎能不能講贏我！」

這種攻擊會使受害者遭到深深的傷害，可能過好幾年都無法恢復健全的自我。注意：指控有時並非為了製造混亂，而是基於嫉妒心理、暗中憎恨或情緒障礙。

程度五　拒絕溝通

拒絕回應伴侶或與伴侶溝通，似乎是言語暴力中最不理性的一種。若一段關係中沒有爭吵與怒氣，其中一方拒絕回應任何問題、新消息、甚至是有趣或令人開心的事，而且這種沉默已經持續了很長一段時間，就表示施暴者與伴侶之間根本不存在任何關係。

拒絕溝通是傷害最強烈的言語暴力，也會造成受害者的混亂。拒絕溝通的人即使不與伴侶交流，仍然會對伴侶說「我愛你」，這種矛盾的訊息讓伴侶更加摸不著頭緒，也感到更寂寞無助。

許多拒絕溝通的施暴者一旦進入婚姻，就再也不對伴侶表示愛意。這種行為同樣使伴侶混亂，納悶：「他到底為何要跟我結婚？」拒絕溝通的施暴者大多願意敞開心胸，與朋友進行有意義的交流。事實上，有的受害者還得從伴侶跟其他人的對話，才會得知伴侶有什麼計畫；有的受害者則從頭到尾被蒙在鼓裡。

拒絕溝通的行為可能有兩種解釋：

- **亞斯伯格症候群**　排斥溝通、交談時顯得不自在的人，可能有亞斯伯格症。這是一種原因不明的發展障礙，會影響一個人的同理能力。
- **投射作用**　有時，拒絕溝通的施暴者過度投入自己對伴侶的投射，無法把對方當成實際的個體對待。

與一個拒絕溝通的人維繫「關係」非常痛苦，因此受害者會變得沮喪、徬徨，甚至連健康也會遭受損害。拒絕溝通的施暴者彷彿當伴侶不存在，好像對方只是任其恣意操縱的軀體。

某些宗教團體會利用拒絕溝通的方式，處罰不遵守規矩的人，受害者遭遇的影響不容小覷。社會剝奪與情緒剝奪會導致憂鬱、焦慮及其他身心症狀，即使只是輕微的社會與情緒剝奪，也可能造成季節性情緒失調。

第十八章　關於治療，以及給治療師的建議

當受害者採取行動，使施暴者失去權力，重新掌握自主權與生活，定義自我，這些都讓我受到極大的鼓舞。

——麥克・懷特（Michael White）

尋求治療協助

我相信，最了解自身經驗的就是你自己。我不相信所謂的「特許知識」，意即只有專家能夠告訴你該怎麼做、什麼才是真實的。但我認為，治療師或諮商師能夠幫助你，激發你的自我意識與力量。好的治療師能引導你踏上「辨別差異」的過程，區分哪些是施暴者灌輸你的，哪些是你對自己的看法。此外，治療師也能幫助你依照自己的步調，找出內在的力量，加以強化，好讓你過你想要的生活。

如果你是一名治療師，而且是先從本章讀起，我在此先說明幾個詞彙的意義。「施暴者」一詞意指「施加傷害的當事人」；「傷害」是指意圖危害或侵犯他人（包含興趣、舉動及創造力等）的行為；「言語虐待關係」是指在一段關係中，一方為壓迫者，另一方為被壓迫者，而非雙方相互依存。

治療

治療方法日新月異，我在此提出一些觀點，期盼能幫助需處理言語暴力問題的治療師與一般讀者。

我的看法源於數千件言語暴力的案例、眾多言語暴力相關研究與報告、系統理論，以及採取敘事治療的治療師所撰寫的著作。

在治療的過程中，我不認為治療師應該保持中立態度，但也不建議治療師在兩方之間選邊站。我建議治療師採取「改變」的立場。

我推薦敘事治療，是因為這套理論無關階級，並考量了生命的本質，同時以建構論為基礎。建構論主張，一個人的認同與自我概念，有一部分是根據他人對我們的

「看法」而發展出來的。在這個過程裡，我們在社會環境中「建構」自己的身分。

治療師可以採用建構論觀點，鼓勵施暴者展開正向的改變。由於這套方法不具指導意味，較尊重個案，因此對於渴望認清真相、尋求治療的受害者也頗有幫助。假如你除了言語暴力之外，還有其他問題，譬如生物化學物質失衡，請和治療師一同找出最適合的療法。

認識何謂言語暴力，有助於辨識其他虐待行為。例如，遭受性侵的孩童，通常也會受到言語的威嚇。一個人面對伴侶時，如果在情緒或心理上產生極大痛苦，只要辨識出對方的言詞或行為就是虐待，也許就能認清實際的情況。

言語暴力與其他虐待行為，都是施暴者追求支配權力的手段。若受害者能辨識虐待行為，就可識別言語暴力。反過來說，辨識言語暴力也能讓受虐者了解，對方的施虐行為跟自己無關，不是自己的錯。當然，「了解」絕不代表允許任何傷害行為。

簡單來說，言語暴力與肢體暴力是一體兩面的。因此，我相信會施加言語暴力的施暴者即使並未出現肢體暴力的徵兆，但若能參加支持團體的相關治療課程，還是能獲益良多。此外，假如治療師察覺有可能發生虐待，就必須讓受害者及施暴者分開進行治療。

父權社會的影響

我們仍生活在強調男尊女卑的父權文化之中。我年輕時曾以為，父權習俗是「舊時代的觀念」，例如「女人不該投票」，我認定父權文化「都是以前的事了」。如今，我卻發現，父權制度這種錯誤、忽視人權的性別觀念，仍在世界各地的文化中具有強大的影響力。當然，我們也不應該排除施暴者受到其他因素影響的可能性（譬如偏執症）。

治療師可幫助個案認清父權文化對他／她的影響，與個案討論他／她對於權力、應有權利、自主權、控制他人或受到控制的生活、操縱他人……等等的觀念，來幫助他／她了解父權制度如何造成壓迫。

以下的例子能夠說明父權制度對感情關係的影響，甚至是在一段關係中，創造「毫無感情之實的關係」。每當女性受害者對男性伴侶的言語暴力說「不」時，例如「我不想聽你的命令」或「我不需要你告訴我要做什麼」，就是在挑戰父權體制。假如男性施暴者的父權觀念根深蒂固，就會將對方的陳述視為對自己（而非父權制度）的挑釁，認為自己必須起身對抗她（而非父權制度）。他甚至可能以為對方是故意引起爭執，但其實受害者只是要求他停止傷害、命令與批評她。受害者希望能有更良好、更親密的關係，但施暴者卻在追求「勝利」。他臣服於父權觀念之下，成了父權文化的共犯，而不是伴侶的盟友。

艾倫．詹金斯（Alan Jenkins）曾在著作中提出：「許多有虐待傾向的男性，並不認為自己對女性或兒童抱持性別歧視或刻板印象。他們認為自己對待家人的態度是平等的、公平的，經常覺得無力，甚至認定伴侶壓迫自己、控制自己、待自己不公。」

施暴者自認為「受害者」，等於是要伴侶承認自己是加害者：「只要我換個方式說話，他就不會貶低我、對我大吼、命令我了。」施暴者引導受害者認同荒謬的父權觀點，證明自己沒有問題，將責任轉嫁給伴侶。

詹金斯還指出：「男性施暴者有可能是沉默被動、消極、避免爭執，也可能囂張跋扈、極力鞏固權力與地位。然而，在這兩種極端的人身上，都會表現出性別刻板行為，例如誇大自己應有的權利、社會上或情緒上的退縮、依賴等等。」

辨識「問題」

如果伴侶尋求協助時是希望「改善關係」，因為「彼此相處不來」或「最近常常爭吵」，那麼諮商師或治療師可能會難以辨識出壓迫的情況。

即使受害者獨自尋求治療，聲稱自己感到「沮喪」、「對這段關係不太滿意」或「無法理解伴侶」，治療師也可能遇到同樣的問題。

就算治療師每週都與同一對伴侶見面，持續數個月，也不見得能辨識出這對伴侶處於言語虐待關係。有時候，完全沒有人察覺言語暴力；有時候，即使伴侶雙方辨識出言語暴力，也會盡量輕描淡寫；有時候，則是受害者害怕遭受更多傷害，所以不敢提起受到言語暴力的經歷。

同樣地，治療師也不見得能辨識一段關係中的肢體暴力。有時候，受害者不敢說出受暴經歷，一些受害者曾告訴我，要是他們透露任何受暴的情況，回家之後或途中就會被伴侶毆打。另一方面，某些人甚至沒察覺，伴侶「毆打」他們的行為就構成家暴！他們以為只要尋求諮詢，就能立刻找出「問題在哪」，解決問題，這樣就不會再面臨另一半的暴力。

毫無疑問，「問題」就是傷害行為。無論是言語暴力或肢體暴力，暴力就是問題所在。

許多傳統的治療師所受的訓練是找出病徵，將個案本身視為問題，並自認是解決這個問題的專家。某些治療師認為自己對個案的看法是客觀的，自己覺得最好的方式就一定最好，罔顧個案的想法或感受。

一些治療師會要求你按照他的指示做，自認最了解你該怎麼做、該成為什麼樣的人，但你自己的想法比任何人都來得重要。按照自己的想法所做的自發性改變，也會比較持久。若治療師採取指導性的方式，表示他自認比個案高人一等，就像是告訴個案：「我擁有你缺乏的專業知識，所以我比你有權力，能夠質問你、指導你、告訴你該怎麼做。」在治療師與個案的關係中，如果治療師像這樣濫用權力，就是以現實一為基礎的治療。

一名坦承對妻子施加言語暴力的男性寫信給我，說：「我與妻子參加婚姻諮商好幾年了，治療師一直沒發現言語暴力的問題。」許多受害者指出，伴侶當著治療師的面施加言語暴力，治療師卻沒有任何反應；有些受害者更表示曾遭受治療師的傷害！諸如「你也有責任」、「一個巴掌拍不響」、「你們不要再吵不就好了」，都是言語暴力。

儘管這些故事無法反映大部分的治療情形，卻已足夠供我們一窺虐待關係的情況。某些治療師似乎未曾受過相關訓練，也不曾親身經歷過這些事情，因此無法認清感情關係中的支配權力與壓迫手段。

假如治療師忽視文化與父權對一段關係的影響，他也許會認為，如果受害者更獨立、更能自我肯定一點，就不會再遭受傷害了。那些相信「只要你改變，對方就會改變」的治療師忽略了個人的自主權，只根據早已過時的理論模型來進行治療。例如，接受家族系統理論訓練的治療師，會將關係視為一種生物系統：「只要系統中的一方（部分）改變，其他部分也將改變。」這種看法不但對治療無益，對言語虐待關係的看法也不準確，因為在這樣的關係中，是一方試圖控制另一方。不過，這套理論可能適用於相互依存的關係，在這種關係中，雙方都比較願意配合對方的請求。

像敘事治療這樣的方式，會認知到當事人的自主權。系統理論認為，人類是獨立存在卻又互相依賴的生命系統，生態系的每個「部分」也是如此。

我們透過做出自由的選擇，來展現自主性。一個人可以選擇傾聽他人並回應，也可以不傾聽他人也不回應。換句話說，即使你做出改變，你的伴侶也可以選擇不改變。舉例來說，假如對方貶低你，當你說：「我不希望你那樣對我說話。」對方可以選擇不回應你的請求，繼續像之前一樣用言語傷害你。另一種情況是施暴者選擇回應，但他要如何回應同樣是他自己的選擇，他也許會加重虐待，或改變虐待的方式，也可能會停止傷害行為。

一般而言，敘事治療或現實二的治療，會將言語暴力放在默許支配權力、特權、一方優於另一方的文化脈絡中，這些觀念可能已經受到當事人的內化，在家族中代代相傳。

採取敘事治療的治療師會認為，一個人的生活與文化脈絡息息相關，一個問題之所以發生，是因為當事人為了遵循文化規範，而採取極端的手段。治療師會請個案辨別差異，認知到不同的生活方式。敘事治療不像某些傳統治療那樣姿態高人一等，而是著重個案與治療師之間的相互合作。

治療會談

透過提問，治療師可以引導個案探討問題的本質。藉由描述問題、定義問題、辨識其中的文化因素，能夠使個案認清真正的「問題」，而非認定自己本身就是問題。

以下提供部分問題的範例，這些問題能引導當事人看清哪些是妨礙雙方建立真實關係的支配權力行為，哪些是能夠建立真實關係的支持行為。

受害者與治療師會談時，可能會說：「我不快樂。最近我覺得很沮喪，好像怎麼做都跟先生處不好。」

這時，治療師可以嘗試問個案以下問題：

1. 當你覺得彼此處不好的時候，發生什麼事？
2. 你以前有沒有覺得彼此相處融洽過？
3. 你覺得現在跟以前有什麼不同？
4. 能不能再多說一點？
5. 能不能告訴我，他會怎麼表達對你的興趣？包括你的想法、意見、計畫等等。
6. 你覺得這週的相處情況如何？
7. 你有沒有聽他說過他覺得如何？

如果治療師發現個案的問題屬於言語暴力，可以請受害者（而非施暴者）思考下列問題：

1. 言語暴力對你的生活有什麼影響？
2. 言語暴力是不是佔據你生活的大部分時間？
3. 他多常用言語傷害你？
4. 在五年前或十年前，你是否曾遭遇言語暴力？
5. 假如言語暴力持續惡化（頻率更高或造成更多困擾），你覺得自己五年後或十年後的生活會是如何？
6. 假如你繼續謹言慎行，以避免受到言語暴力，你覺得說哪些話會是安全的？
7. 你有沒有看出來，我很驚訝你在這些情況下處理得這麼好？

此外，治療師也可以協助施暴者洞察自己的行為，方法是引導他探索他對自身的信念，以及妨礙雙方建立真實關係的文化因素。

對於敘事治療師而言，如果關係中存在權力濫用的狀況，該負責任的會是濫用權力的一方。

敘事型治療方式可引導施暴者：

1. 認清傷害事實。

2. 反對傷害行為。
3. 承擔停止傷害行為的所有責任。

治療師會請施暴者思考他認為能夠支持自身行為的觀念與想法，以及這些想法對伴侶及這段關係的影響。倘若治療師發現有言語暴力的問題，可以利用問答來引導施暴者認清支配權力的現象。範例如下：

1. 當伴侶抗拒你的命令時，你都如何回應？
2. 你的控制慾如何影響你們的關係？
3. 若伴侶的意見與你不同，你會怎麼做？
4. 你認為自己該處於掌控地位，這個想法有令你跟伴侶更親密嗎？
5. 如果你突如其來地產生想要勝過對方、凌駕對方的慾望，你可以怎麼打消這個慾望？
6. 你跟支配慾哪一方會獲勝？
7. 如果支配慾獲勝，會發生什麼事？
8. 當你戰勝支配慾時，感覺如何？你是如何抑制自己的支配慾？

這些問題可將傷害的責任轉回施暴者身上，促使他為自己的行為負責。可以請施暴者回想他選擇不控制伴侶的時候，和他一起討論這起例外事件的意義與重要性。

請他想想自己在其他場合的行為又是如何，例如剛開始追求伴侶的時期，或是與上司一起工作的時候？這樣一來，他也許能「覺察」他這些行為的差異，進而了解自己不能將某些因素（如家庭背景的缺陷）當成傷害伴侶的藉口。

敘事治療師可以請施暴者區分自己的意圖（試圖維持與伴侶的關係）與行為（為了控制關係而施加傷害），協助施暴者建立健康的自我價值觀，而非奠基於支配權力、壓迫、自負或優越感的自我價值觀。

治療師可以邀請施暴者討論他對相互依存關係的理解：「相互依存對你的意義是什麼？」「你覺得伴侶也是這樣認為嗎？」

這些步驟需要時間，而且施暴者必須承認自身行為、承擔傷害行為的責任。如果施暴者否認傷害或不願承擔責任（「都是他的錯！是他逼我的！」），那麼即使伴侶脫離了這段關係，他依然會在下一段關係中做出傷害行為。

一些具有虐待傾向的人即使展開新的關係，仍會繼續追尋「沒有到手的對象」。對於這種案例，治療師不妨請個案思考，這種「到手」的觀念跟建立感情關係無關，純粹是為了占有、將對方當成所有物。

施暴者辨識出傷害行為後，也許會發現戒除這些行為需要很多心力與時間。此外，即使他看似戒除傷害行為，受害者也可能早已遍體鱗傷，不願與他重修舊好。

這時，治療師可以鼓勵施暴者放下這段關係，不要將問題歸咎於伴侶身上。最終，施暴者必須自發地產生「不願成為暴力傾向者」的意願，停止傷害行為。

矢口否認

否認會阻斷為了停止言語暴力所做的一切努力。否認就像一種自動防衛機制，在言語暴力的情況中，否認意指施暴者抱持「我沒有做錯任何事（傷害）」的想法，儘管證據確鑿，依然認為自己沒錯。

以下案例可以說明，施暴者的否認可以強烈到什麼程度：

一名治療師執業多年，遇到有暴力傾向的男性前來求助，希望能解決對伴侶施加暴力的問題。治療師決定參與男性輔導計畫，觀摩有效的治療方式與技巧，以求幫助個案，引導個案為自己的行為負責、停止虐待行為。結果，他在輔導計畫中恍然發現自己是個施暴者。

這名治療師鼓起勇氣公開自己的故事。從他的例子可以清楚看出施暴者如何全盤否認自己的行為，當事人的自我形象不僅欺騙了他人，還騙過了自己。

否認會令受害者產生強烈的混亂，受害者承受了二度暴力，一是傷害行為，二是否認行為。不用說，治療師需要特別注意這種情況。很多受害者都非常希望施暴者承認傷害行為並不正當、屬於虐待，可惜不一定能如願。儘管如此，一些施暴者閱讀了自己所說的話的逐字稿之後，成功打破了否認，生平第一次領悟到自己確實說了「那些話」。

施暴者辨識出傷害行為時，通常都會震驚不已，他們第一個反應經常是：「我是個糟糕的人。」（不過，很多受害者也會這麼說，這一直令我很驚訝。）若是認清自身的優越感、支配慾與逃避責任的行為，施暴者會發現自己是人，他可以選擇自己的行為。假使他堅持是因為自己「很惡劣」或是自己「經歷過的過往」，才會做出傷害行為，便可能迴避責任，這次他不是怪罪伴侶，而是怪罪自己的「惡劣」，也就是自己的本質！雖然施暴者的過去或文化因素有助於我們了解傷害行為的成因，但是傷害的責任仍在施暴者身上。

作家約翰・史托騰伯格（John Stoltenberg）指出：「有時候，我們探索男性為何施暴的過程，幾近於為他們辯護：『真可憐，你看他是怎麼長大的，難怪他變成這樣！』如此一來，男人推卸責任的藉口就獲得了臨床實證與學術研究的認證。」

無效的治療

一位女性讀者吉兒看完本書的首版後，寫了底下這封信給我：

一切全從我看了你的書開始，你的書把我遭遇的問題白紙黑字寫得清清楚楚。我覺得鬆了一口氣，因為我驗證了自己無法表達的感受。

我讀了很多文章，它們都說如果一段關係不快樂，問題八成出在女人身上，說我們太容易焦慮不安。之前我也抱持這種想法卻不自知，我把關係中的所有問題、我先生的行為都攬到自己身上，認為這是女人「應該做的」。

每當我丈夫傑克怪罪和指責我，我就會很耐心地解釋：「不，我沒有那樣說，也沒有那樣做。」我以為我可以讓他了解他傷到了我，以為他只是沒有意識到自己的行為，以為他是因為兒時受過虐待才留下陰影。我相信，如果我是個「真正」

的女人，就能幫助他認清一切，停止虐待。〔作者註：這正是父權觀念左右女性思想的例子。〕

無論我怎麼做，他還是繼續傷害我。我覺得自己不論是身為女人，還是身為一個人，都很失敗。

不過，現在一切都不同了。我明白，問題不在於我不夠了解他，也不是我解釋得不夠清楚，更不是我容忍得不夠多、他從小受家人折磨、我們之間的關係有問題，而是言語暴力。

我第一次意識到，言語暴力不是我害的。我不需要為傷害負責，他才是加害者，問題在他身上。有了這個信念，我開始獲得越來越多力量。

有次他一如往常走進我房間，不斷指責、謾罵我。由於我有了新的認知與自信，我只淡淡回應：「不要說了，傑克，請你出去。」

他一臉驚訝，呆站在門口。那是我第一次成功阻止他用言語攻擊我。

他離開房間，過了不久又回來，用一種非常詭異的語氣說：「你剛剛那樣講，好像我的遊戲被看穿了一樣。」

我表面無動於衷，其實內心很驚訝。我心想：「什麼！我們結婚十一年，原來你一直在跟我玩遊戲？我們的婚姻對你來說什麼都不是，只是一場權力遊戲！

你不是無意中傷害我，是為了控制我而故意這麼做？」

他繼續說：「我不想過這樣的生活。我想尋求別人的協助。」

那一刻帶來了改變的契機。我找到一位好的治療師非常重要，我先生隨時都有可能故態復萌。他同意接受治療，我剛好認識一位很好的治療師，於是就尋求他的協助，不過我後來發現，那位治療師不適合做婚姻諮商。他缺乏性別意識，因此也看不清兩性之間的權力問題。他不了解言語虐待關係，認為言語暴力的嚴重性比不上肢體暴力。

一開始，傑克願意接受言語暴力的所有責任，但我們的治療師卻不斷找尋我跟傑克的弱點，以便「合理化」我們的問題。他根本不想查資料多了解我的經驗，就算我給了他一些相關書籍。他擺出一副自視甚高的態度，好像在說：「你們這些有病的人，居然想糾正身為專家的我。洞察問題是我的工作，你們不要插手。」

他為我先生設計了一套行為計畫，說我也需要負起一半的責任。我知道後立刻提出疑問，為什麼我必須解決我先生的問題？假設丈夫打了妻子，他會怎麼處理？難道他也期望受害者為對方的行為負一半的責任嗎？

「不，」他回答，「在那種情況下，我會對伴侶進行個別諮商，提供女性受害者必要的協助，並針對男性的暴力行為進行治療。」

我對他說：「我們的情況也是如此，為什麼你就強迫我替我先生的行為負一半的責任呢？這是性別歧視。」

他說：「吉兒，你剛才說的是肢體暴力，你先生只是言語暴力，兩者不同。雖然傑克會對你進行言語暴力，但你也太敏感了。一般來說，你應該不要那麼介意他的行為。」

我與治療師同意彼此看法不同，不幸的是，原本接受承擔所有責任的傑克，就這麼開心地放棄治療。他得到了盟友，順理成章將責任推給我。想當然爾，他的言語暴力大幅升級，他似乎覺得這些行為是正當的，甚至認為自己獲得了治療師的許可。

我從來沒想過自己會遭到心理治療師的傷害，但這是血淋淋的事實。

尋找合適的治療師

如果你正在尋找治療師，我建議你盡量多跟不同的治療師談談，慢慢找出合適的人選。

如果是我，我會拒絕與以下幾種治療師合作：

- 不認為言語暴力與肢體暴力一樣，都屬於暴力行為（代表這位治療師缺乏相關訓練）。
- 對父權制度、權力與性別沒有概念（這會導致他們對傷害行為視而不見）。
- 要求受害者為施暴者的不當行為負責（這種立場將對受害者造成傷害）。
- 忽視受害者自身的經驗，因為類似本書的著作中已談到受害者的經驗（代表他們更重視自己的「專業」知識，而非考量受害者的親身經驗）。
- 治療師的立場缺乏對個案的尊重。

要找什麼樣的治療師是你的選擇，但你才是最了解自身經驗的人！

第十九章　兒童與言語暴力

當言語暴力牽涉到孩子時，許多人有不少困惑，譬如：

- 我如何幫助孩子建立高自尊？
- 當孩子受到其他孩子或成人的言語暴力時，我該對孩子說什麼？
- 當孩子辱罵我時，我該對孩子說什麼？
- 我如何教導孩子面對同儕的言語暴力？
- 假如我離開言語虐待關係，我該對孩子說什麼？
- 若我與前任配偶共同撫養小孩，我如何與他保持距離？

這些問題沒有絕對的答案，以下的範例僅是建議，供各位參考怎麼樣有效溝通，才能夠尊重孩子，並保護孩子免受言語暴力造成的情緒與心理傷害。

鼓勵孩子的自尊

當父母面對充滿壓力的場合，孩子又需要關注，可能會因為情況迫切而倉促回應。即便他們有時間思考，也可能由於思緒混亂，忽視明顯的解決方法或行動。

因此，父母最好時時提醒自己以善意與尊重對待孩子，即使在備感壓力的時候也一樣。

若你能抱持尊重的態度，所說的話也比較容易使人感覺到尊重。

有時候，你會發現，教養方式跟理論實在種類太多，難以選擇。挑選教養書籍時，我相信最重要的依據是：書中的內容是否能幫助你培養對孩子的尊重。如果你給予孩子愛與關懷，將心比心，坦誠以對，鼓勵他們獨立自主，孩子通常會成長為友善、體貼、具有同理心、誠實、獨立的大人。

有時候，同儕的壓力或來自家庭之外的傷害行為等等，都會導致孩子出現不良行為。請不用急著自責，只要盡己所能就好。倘若你有疑惑，不妨參與教養課程、尋求諮商，或是向其他教育有成的家長求助。

幫助孩子建立自信

我認為，要幫助孩子培養自信，最有效的方式是在他擁有足夠的能力後，就放手讓他獨自解決問題。父母可以對孩子說：

- 想不想自己用湯匙吃飯？
- 你自己綁鞋帶，我等你。
- 準備好自己做花生醬三明治了嗎？
- 我教你怎麼用洗衣機。

表達讚美

孩子聽到讚美，都會有所反應。他們天生乖巧、好奇心旺盛、隨心所欲，每個孩子都有獨特的才能與興趣。身為父母，你的責任是給予孩子需要的關心，注意他們喜歡什麼，例如音樂、舞蹈、跑步、繪畫、靜態活動、運動……等等，帶領他們認識並培養興趣（即使這些不是你的興趣），促使他們發展獨一無二的自我。以下是幾種表達讚美的方式：

- 你畫的圖很美。
- 跟我說說你最喜歡的書。
- 看來你在這件事上費了很多心思。
- 你需不需要多一點時間把它完成？
- 謝謝你，願意在旁邊等我跟別人談完。

向孩子表明底限

良好的溝通，也包括向孩子表明底限。若父母設立好界線，孩子會擁有安全感，覺得受到關愛，等他們長大成人後，也會替自己設立底限。最好讓他們從小學習如何設立底限。

你設定底限的同時，依然能確認孩子的感受。例如，孩子大多在睡覺時間到了時還不想上床，或是吵著要他們不能擁有的東西，可是他們的精力有限，能夠擁有的東西也有限。身為父母的你應該引導他們理解這個觀念。譬如：

- 我知道你還不想睡，可是五歲小孩現在該上床睡覺了。等你躺好，我們再來講故事。

- 我知道你想看那個節目，但那不適合小孩看，我們選別的。
- 那樣做不好喔。
- 你大吼大叫，我聽不清楚你在說什麼，你好好說。
- 我們來談談。
- 告訴我你想要什麼。
- 不行，我今天不會買任何玩具給你。
- 我也想買那個給你，可是我錢不夠。

給予孩子選擇

父母應該盡量讓孩子自己做選擇。這麼做需要父母付出更多心力，畢竟直接命令「不管你喜不喜歡，就是只能穿這件」會比較簡單。不過，如果你的孩子從小學習做決定，也為自己的決定負責，他比較容易在往後的人生中做出好的選擇。以下是一些讓孩子選擇的範例：

- 你想要吃玉米還是豌豆？
- 你穿這條褲子，配白色上衣或黃色上衣都很好看，你想穿哪件？

- 這是學校的菜單。你想吃學校的營養午餐，還是我幫你帶便當？
- 這個學年，你有任何想做的事嗎？譬如參加運動社團或攝影社？
- 你想邀請誰參加你的生日派對？

當孩子遭遇言語暴力

有時，即使父母想要保護孩子，仍然會不小心忽略了要尊重孩子的感受。有位女性讀者來信：「以前，我的祖父經常責罵我、貶低我，我爸媽叫我不用理他，當作沒聽到就好。祖父過世後，我真的很高興。」

在這種情況，孩子需要的是有人告訴他：「他那樣說是不對的，跟我來，我幫你跟他談。」施暴者需要有人對他說：「你那樣對孩子說是不對的，我真的不希望他再聽到這種話。」

假如你因為表達自己的意見而受到言語暴力，請帶著孩子遠離傷害，並且承認孩子的感受（你可以說「我知道他那樣講讓你很難過」），再向孩子重申，對方那樣說話是不對的。

如果你的孩子遭到他人以任何方式怒罵或貶低，他會需要你的支持。有些父母要孩子忍受傷害，這麼做是錯的。有時你可以想想：「我有沒有對孩子說任何低估傷害行為的話？」

倘若父母告訴孩子「對方不是有意那樣說」，孩子的經驗就無法得到驗證，而他所受的傷害也不受承認。這樣一來，父母低估了傷害行為，而孩子也學會容忍他人的傷害。

許多人都曾受到這樣的教導：不要把他人施加的暴力看得那麼嚴重。說「算了啦，他只是剛好心情差」這樣的話，也許可以減輕痛苦，傷害卻會在受害者的心中日積月累，更會製造瘋狂。（難道心情差就能任意攻擊別人嗎？）

當你承認孩子的感受，回應言語暴力，就是在應證孩子的經驗，擔任具有同理心的重要目擊者。這麼一來，你能教導孩子對言語暴力做出適當回應，幫助他正視自己的感受。

假如你教孩子假裝言論不會傷人（我們尤其容易這樣教導男孩），這對孩子並沒有任何益處，反而會令他們懷疑自己。

你應該做的是，根據孩子的年齡與他需要回應的對象，教導孩子正確回應言語暴力。即使是年紀較長的孩子，也需要你情緒上的支持，才能勇敢回應施加言語暴力的大人。孩子可能只需要聽到你告訴他：「我支持你。」

你要知道，孩子的學習能力強，會效仿大人或同儕的不良行為而學會傷人。因此，如果他受到同儕的言語攻擊，你應該教導他回應：「那是你說的。」特別強調「你」這個字。

這樣的回應通常能令施暴者嚇一跳，也向他們暗示：「我不接受這種話，這是你說的，所以你必須為這些話負責。」

有時，當一對夫妻離婚，有些孩子會在探視父母時受到言語暴力。不久前，我為一位婦女諮商，她與丈夫離婚，兒子每次探訪父親回來，都顯得很沮喪。每次她問兒子怎麼了，他總是回答：「如果我告訴你，就算你保證不會跟爸說，他也會發現我說了。」顯而易見，他遇到了十分嚴重的問題，這個孩子正遭受暴力，卻害怕揭露暴力的事實。

假使父母無法取得孩子的信任，外界的支援（如親朋好友、諮商師或任何值得信賴的人）也會有幫助。

當孩子以言語傷害他人

如果你得知孩子會施加言語暴力，可以嘗試以下舉例的回應方式。這些回應適用於各種情況、各個年齡層，可依需求自行調整。

- 「那樣說話不恰當。」
- 「我不想聽到你說那種話。」
- 「你說那種話，並不會令人欣賞你。」
- 「不要再說了。」
- 「我不允許家中有人那樣說話。」

若父母離異

在你目前的感情關係中，是否有任何對你自己跟孩子有不良影響的事情，讓你希望孩子會淡忘或忽視？

如果你的孩子遭到暴力或目擊暴力，孩子也會一起受苦。一位女性個案基於自身經驗表示：「留在關係中，只會讓孩子受到傷害，『為了孩子好』而勉強維持婚姻是完全行不通的，反而會造成非常大的損害。不管是孩子承受傷害行為，或孩子不知不覺中習得虐待關係的模式，長期下來都會造成不堪設想的後果。」

倘若孩子在虐待的環境中成長，未來便可能會將自身的挫折、痛苦與困惑發洩在他人身上，或者試圖透過吸毒等自我毀滅的方式來忘卻過去，有些人甚至選擇自殺。如果無法讓孩子在和平與愛的環境下成長，維持婚姻並不會讓孩子發展得更健康。

孩子需要父母雙方的尊重、在乎他們的需求，但並非所有家長都做得到。這時，父母必須了解，對孩子而言，無虐待的單親家庭比有虐待的雙親家庭來得好。

如果你與伴侶分開，應該讓孩子有權利表達他對這件事的感受。孩子可能會說「我恨你」，這句話其實只是代表他討厭現狀，這並非言語暴力，只是以強烈的方式表達情緒。

你很可能會在極度脆弱的時候，聽到孩子說類似這樣的話。即便如此，當孩子因父母關係變動而產生不滿時，你還是應該承認他的感受。適當的回應會是：「看來你很生氣，也很難過，我不怪你。換成是我，我也會希望不要發生這種事。我愛你。」如果你對可能發生的狀況做好心理準備，就更有機會以尊重孩子感受的方式來回應。

與前任伴侶保持距離

許多離開言語虐待關係的受害者，每當見到前任伴侶，都會再次遭受創傷。當受害者接送孩子的時候，免不了與曾經壓迫自己的伴侶碰面，甚至再次承受暴力。

對此，一種解決辦法是找個中立的地方碰面，例如保姆家或其他安全的地方，在對方抵達的十分鐘前先把孩子送去，避免見到對方。

利用孩子監視

一些受害者離開具有言語或肢體暴力傾向的伴侶後，指出一種詭異且令人難過的現象。由於太多受害者提到這種情況，因此我認為有必要在這裡討論。

假如施暴者無法履行「以孩子需求為優先」的承諾，即便他聲稱願意配合，依然可能會試圖透過孩子來掌控伴侶。如果他生活在現實一，未曾體驗過相互依存的狀態，而且沒有妥善處理對支配權力的需求，需求便不會消失。假使他沒把需求轉移到新對象身上，便很可能繼續將矛頭指向前任伴侶。

施暴者有時會藉由孩子來監視前任伴侶，例如對孩子說：「我愛你媽媽，我希望我們全家能團圓。如果要你媽媽跟我重新在一起，那我需要知道她做了什麼事、去了哪些地方、穿什麼衣服、跟誰說話、她說了些什麼。除了我之外，你誰都不能相信。」

孩子只希望一切圓滿，只想要父母的愛，很難知道自己正受到操縱。

不過，當孩子長大後，有可能會意識到對方真正的目的，說出自己受到操縱而監視、回報家中的狀況，說出自己內心的混亂，以及忠誠、內疚、傷心的複雜感受。曾遭遇這種經歷的受害者表示，這對他們與孩子而言都是揮之不去的夢魘。

如果你需要徹底與前任伴侶斷絕往來，那麼最好讓你的孩子了解以下訊息。你可以念給孩子聽，或影印出來給孩子。假如你是教育人士、治療師或社工，也可以轉達給你接觸到的家長。

如果你的父母分居

- 你會分別跟父親和母親建立獨特的關係，這兩種關係是不同的。
- 假設其中一方向你探聽對方的事，你可以說：「我不想談這個。」
- 如果有任何令你受傷、疑惑或困擾的事，即使是父親或母親造成的，也應該告訴父母、諮商師或其他你信賴的大人。
- 假如你的父親與母親已經分開，他們便無權知道對方的生活。
- 你的父親或母親不應該問你對方的事。
- 假如你的父親或母親問你對方的事，你可以不回答。例如這樣的問題：「你媽媽／爸爸在幹嘛？他跟誰說話？他說了什麼？他穿什麼？」
- 遇到這類問題，你可以回答：「不重要。」
- 遇到這類問題，你可以回答：「我不想講。」

結論　展望未來

如果你正面臨言語暴力

假如本書提到的情況出現在你和伴侶之間，讓你有所領悟，那麼你必須記住，千萬不要稱呼會施加言語暴力的伴侶為「施暴者」，否則可能會招來對方的辱罵。此外，也不要：

- 替自己辯護或解釋。
- 氣自己多做解釋或是辯護。
- 對施暴者大吼或毆打施暴者。
- 要求施暴者閱讀本書。即使你很希望施暴者看看這本書，他也不見得會看。就算他真的看了，也有可能會告訴你：「這講的就是你！」

不要認定：

- 假如你對伴侶好一點、付出多一點，伴侶就會對你好。
- 你應該保護伴侶，不向信賴的親朋朋友透露任何事。
- 即使治療師沒有讀過這本書，也能理解你的遭遇。事實上，許多治療師都曾向我求助。

永遠、絕對不要：

- 讓自己陷入危險。

在不至於招來危險的情況下，你可以這麼做：

- 對方暴怒或你覺得不安全的時候，盡可能離開現場。
- 遭到對方毆打或有生命危險時，請立刻報警。
- 多認識言語暴力。
- 採取能夠讓伴侶意識到言語暴力的回應方式，例如：

胡說！

不要再說了！

你剛剛說什麼？

你可以再說一次嗎？

你不是我，你不能決定我是什麼樣的人。

你不知道我在想什麼。

你不知道我的動機。

- 盡可能仔細記錄伴侶的任何傷害行為，尤其是在你有孩子的情況下。
- 在孩子面前勇敢面對施暴者，保護孩子，例如可以回應：「你剛剛說的話並不恰當。」或是：「我們家應該要是個安全的地方，誰都不可以吼別人。」

保持信念，相信自己、相信自己的直覺。

附錄　常見問題

1. 感情關係中的言語暴力算不算是權力鬥爭？

我在本書並未使用「權力鬥爭」一詞，不過許多頗受歡迎的自助書籍均提及虐待跟暴力屬於一種權力鬥爭。這種觀點有待商榷，因為這會令處於言語虐待關係的人十分混亂。在權力鬥爭中，雙方均試圖「戰勝」或凌駕對方，你可以說兩支在球場上競逐的足球隊是在進行權力鬥爭，或是兩名格鬥場上的拳擊手是在進行權力鬥爭，然而，伴侶間的感情關係並非球場或格鬥場。

舉例來說，如果言語虐待關係中的受害者要求施暴者不要批評他、命令他，對方可能會立刻認定，這個請求是種權力鬥爭，是在挑戰自己的「權力」，他必須贏得這場爭執。

另一方面，受害者通常認為，自己是在請求對方接受、表達愛意、試著解除痛苦，換言之，是希望能夠改善關係。他以為只要對方聽到他的要求，就會改變行為，也會想要了解令他痛苦的原因，甚至為自己造成的痛苦感到萬分愧疚。

2. 我應該自認為言語暴力的被迫害者，還是把自己當成生存者？

許多書都曾探討「被迫害者」（victim）跟「生存者」（survivor）這兩種認同的差異。那麼，在言語虐待關係中，「被迫害」跟「生存」究竟有什麼涵義？

只要認清文化中與關係中的支配權力，就能減低支配權力的傷害。一旦認知到這些影響，當事人比較不容易自視為無能為力的被迫害者，能夠採取有力的方式，建立自己想要的生活。

一般而言，受害者察覺言語暴力的本質與它對生活的影響時，就會想辦法遠離暴力，在這個過程中，自己無能為力的感覺會逐漸消失。

我認為，當一個人不斷受到言語暴力的「洗腦」，很容易淪為自認什麼也做不到的被迫害者。但是，當他們意識到所有的暴力言語都是謊言，那些負面言詞就會失去作用，如果他們沒有持續承受暴力，這種現象會更明顯。例如，倘若一個人從小完全沒有覺察到支配權力，經常被灌輸刻板觀念而深信不疑，他就是被迫害者。唯有認清言語的壓迫，不再幻想與企圖支配自己的人「建立」親密關係，找到屬於自己的現實真相，才能脫離被迫害者的經歷與身分。

一個曾經遭受暴力的人擺脫暴力的影響後，就成了暴力的生存者。在某些事件（如火災、船難或虐待關係）中存活，不代表必須認同自己是被迫害者或是生存者。

這只代表，在你度過難關之後，你學會了如何解決這個問題，也許還能將經驗傳授他人，譬如怎麼避免引發森林大火、何時該跳船，或是如何避開可能會有負面影響的感情關係。

3. 逼問是否屬於言語暴力？

逼問是一種轉移注意力的方式。假如對方問你問題，再用另一個問題打斷你的回答，當你專注於新的問題時，又拋出另一個問題，而且每一個問題都強迫你迅速回答，就表示對方正一次又一次地轉移你的注意力。一名經歷過逼問的受害者表示：「我覺得自己的思緒完全被打亂了，但我沒有意識到這是言語暴力，只是以為自己應該更努力回答問題，或搞清楚他到底想問什麼。我想好好回答他的問題，他的問題卻一直改變，讓我非常受挫。我總要花上整整一個禮拜才能恢復心情，回到正常的狀態。」

4. 什麼是雙重訊息？它會造成怎樣的影響？

言語虐待關係中，許多混亂都源自「雙重訊息」，最基本的雙重訊息包括「我愛你」（軟言）與「我不愛你」（惡語）。

言語暴力最常發生在婚姻或穩定的親密關係中。婚姻與穩定關係理應要充滿愛意，假如發生暴力，就會製造瘋狂，因為這種行為會傳遞雙重訊息：這是我們的家（很安全），卻也是個發生暴力的地方（不安全）。

當兩種訊息同時出現，當事人會「卡」在兩個不同的資訊之間。有名施暴者經常毆打伴侶，他如此形容兩人的關係：「我們會有問題，都是因為我太愛她了。」這種陳述正是製造瘋狂的行為。問題的起因不會是愛，而是支配。

5. 如果我希望伴侶接受我，是不是應該全盤接受他說的話或對待我的方式？

受害者最難接受的是上演暴力的現實。對於遭受言語暴力的人而言，承認自己的經驗是極為困難、痛苦的。他可能會質疑自己與自己認知的經驗，假如他相信自己必須接納伴侶的所作所為，就會更難接受眼前的事實。

有些人抱著一種錯誤觀念：愛對方，就應該接受對方的虐待或暴力行為。一名受害者就堅信，自己應該更「寬容」。

對於虐待舉動的接納，代表受害者已陷入混亂，或是恐懼自己跟孩子受到肢體傷害。

6. 世上真的有「靈性虐待」嗎？

是的。某些追求支配權力的人會自稱為神，有些人會告訴特定對象，他們必須臣服於其他人的意志，並將如此邪惡的壓迫稱為「神的旨意」。無論男女，都可能受人灌輸這種觀念。

如此一來，秉持這種觀念的受害者會相信，某些人的意思就是上帝的旨意，因此不會質疑別人為何能夠指揮自己的生活。

「神」對許多人而言都代表「愛」，因此濫用神的名號來壓迫他人，可說是十分邪惡的行為。

7. 如果我不照我先生的意思做，或是不乖乖伺候他，我先生就說我在虐待他。只要他覺得受到虐待，就真的表示我在虐待他嗎？

虐待意指一個人對另一個人施加迫害。施暴者之所以覺得受到虐待或暴力，是因為他未能成功取得支配權力，或是因為伴侶拒絕他的控制，導致他自認失去了力量。如果他認為是男人就該掌控一切，這種感受會更加強烈。

從這個問題看來，你丈夫是把你當成僕人，甚至是奴隸，但因為你的行為不像個僕人或奴隸，所以他感到很挫敗。對他而言，宣稱你的自主權是在虐待他，比起放棄

「你應該順從他」這個信念來得容易。

8. 假如隱蔽型的施暴者對我甜言蜜語好讓我上鉤，我該怎麼判斷？我想保持樂觀、敞開心胸、抱著正面的態度，又能有適度的戒心、能夠看清現實。

認清言語暴力的時機，無疑就是發生的當下，不過隱蔽型的言語暴力可能極難確認。如果他做出傷人的評論，卻又宣稱那些話只是玩笑，這就是言語暴力；假如你的伴侶不願傾聽你的感受，而且總是輕視你，也算是言語暴力。言語虐待關係不只是偶爾意見分歧而產生的憤怒或不滿，而是對方長期以來對待你的態度。

一名男性個案告訴我，有天他與未婚妻看完電影，開車回家，一路上在討論情節，女方發表了跟他不同的意見，他頓時勃然大怒，講話越來越大聲（直到現在，他還是不知道自己為何那樣做）。

他們恰好遇到紅燈，女方說：「我覺得你在用言語暴力。」說完便下車離開。（而且，她沒有看過我的書！）

男方喊了她好幾次，但她頭也不回。他對我說：「她就這樣消失在黑夜中。」

他極為震撼，當時車子很多，他無法追上去，只能回家。她沒有打電話回家，直到兩天後才回來。

之後，他再也沒有這麼做了。

9. 女人是不是都下意識地選擇施暴者，以解決童年時期沒有圓滿獲得解決的課題？

大部分女性會選擇跟獻殷勤的男性交往。女人通常容易對溫柔體貼的男性傾心，因為男人追求女人時，會對她百般呵護。然而，一旦他「追到手」，如果他有以下這些信念：「交往」就代表自己得到了某些特權；若是展現弱點與愛意，就代表自己很脆弱；表現情感是軟弱的象徵；男人天生就該掌控女人；經營關係的責任不在自己身上；自己理應是伴侶世界的中心；伴侶應該對自己百依百順……等等，這樣的男人對待伴侶的態度就會一百八十度大轉變。

這種變化會令伴侶非常混亂，她可能依然記著伴侶之前的好，殷殷期盼對方恢復原本的模樣，只是難以如願。

敵意語言

接話與回應的方式，面對伴侶傷人的言語攻擊，適當捍衛自己

The Verbally Abusive Relationship, Expanded Third Version: How to recognize it and how to respond

作者	派翠西亞 ・ 伊凡斯 Patricia Evans
譯者	張馨方
總編輯	汪若蘭
責任編輯	陳希林
行銷企畫	劉妍伶
封面設計	Ancy Pi
版面構成	賴姵伶
發行人	王榮文
出版發行	遠流出版事業股份有限公司
地址	台北市中山北路一段 11 號 13 樓
客服電話	02-2571-0297
傳真	02-2571-0197
郵撥	0189456-1
著作權顧問	蕭雄淋律師

2024 年 2 月 1 日 二版一刷
原價新台幣 399 元

ISBN 978-626-361-403-1
遠流博識網 http://www.ylib.com E-mail: ylib@ylib.com
（如有缺頁或破損，請寄回更換）

國家圖書館出版品預行編目 (CIP) 資料

敵意語言 / 派翠西亞 . 伊凡斯 (Patricia Evans) 著 ; 張馨方譯 . -- 二版 . -- 臺北市 : 遠流 , 2024.01
面；　公分
譯自 : The verbally abusive relationship : how to recognize it and how to respond, expanded 3rd ed.
ISBN 978-626-361-403-1(平裝)
1. 家庭衝突 2. 人際衝突 3. 人際關係
544.18　　　　112019398